AF234993

gastronomía y cocina valenciana

Castellón, Valencia y Alicante

Fotografía Oriol Aleu
Cocina y estilismo Ana Torróntegui
Textos y recetas Toni Monné
Diseño gráfico Joseta Torróntegui

Triangle▸Books

cocina_**valenciana**

© Triangle Postals S.L.
Pere Tudurí, 8
07710 Sant Lluís, Menorca

Coordinación y edición del proyecto: Oriol Aleu
Cocina y estilismo: Ana Torróntegui
Asistente de cocina: Alexandra Torres
Textos y recetas: Toni Monné
Diseño gráfico y maquetación: Joseta Torróntegui
Fotografía: Oriol Aleu

ISBN: 978-84-8478-588-0
Depósito legal: DL:Me-264-2013

Impreso en Barcelona
Impresión: Gràfiques Martí, 2026

Tierra rica, diversa, grande, feliz. Crisol de culturas y civilizaciones por donde han pasado púnicos, griegos, romanos, visigodos y árabes. Paisaje de contrastes cuyos luminosos colores han inspirado a artistas y escritores. Gentes de espíritu afable y hospitalario que se caracterizan por recibir con los brazos abiertos a los visitantes que llegan de los más distantes puntos del planeta para disfrutar de su clima mediterráneo, sus playas, sus bellezas naturales y, por supuesto, de su inigualable riqueza gastronómica.

Una gastronomía única y diferenciada que saca el mejor partido de la increíble abundancia y diversidad del territorio. Frutas, hortalizas, pescados, mariscos, carnes y aves de caza y de corral se han combinado tradicionalmente de forma sabia y creativa para conseguir una cocina sorprendentemente variada y sabrosa.

El viaje gastronómico a través de las comarcas de las tres provincias de la Comunidad Valenciana nos hará vivir las más inesperadas sensaciones y nos llevará a conocer experiencias culinarias únicas. Viajaremos en el tiempo de la mano de antiguas civilizaciones. Conoceremos técnicas ancestrales de conservar los alimentos que han acabado por conformar el gusto de un pueblo. Aprenderemos a preparar platos que una vez pensamos que iban a perderse, una cocina vernácula que pasó de moda, volvió a estarlo y que hoy sirven los mejores restaurantes.

Cocina litoral y cocina de interior; cocina rural y cocina burguesa; cocina tradicional y cocina de vanguardia… Distintas caras de una misma realidad gastronómica, el auténtico tesoro de un territorio tan hermoso como variado, la materialización comestible de un paisaje que se convierte en receta en el plato.

El paisaje en el plato

Hubo un tiempo en que las recetas que preparaban antaño las abuelas parecían destinadas al olvido. El triunfo de la cocina moderna, burguesa, abierta a todas las influencias, parecía relegar aquellas preparaciones más rurales o tradicionales, de toda la vida, a un segundo plano. Para una generación de cocineros y cocineras, especialmente en las ciudades, la cocina vernácula más arraigada al territorio parecía opuesta a la modernidad.

Afortunadamente las cosas han cambiado mucho en las dos últimas décadas. La recuperación del patrimonio gastronómico de las tres provincias de la Comunidad Valenciana es un hecho. Con el incentivo de mejorar la oferta turística se apostó de una forma seria y decidida por mejorar la formación en restauración y hostelería. La aportación de toda una nueva hornada de cocineros jóvenes, formados profesionalmente en las mejores escuelas y centros, ha sido decisiva en la recuperación y valorización del recetario autóctono. Grandes cocineros de la modernidad y la vanguardia han situado a la Comunidad Valenciana como un referente gastronómico de atractivo mundial desde el mayor respeto a la cocina tradicional y abriendo nuevos horizontes creativos.

Por sus peculiaridades geográficas la Comunidad Valenciana es un país de grandes contrastes gastronómicos.

Un territorio largo y característicamente estrecho, frente al mar, presupone la primacía de una cocina litoral marinera. Los mejores y más diversos productos de la pesca están al abasto cada día en las lonjas y mercados favoreciendo una culinaria del pescado especialmente rica.

La gastronomía valenciana es la expresión comestible del rico carácter de su variada geografía.

La importante tradición hortofrutícola es una herencia directa del esplendor árabe y de la implantación de sus sistemas de riego. Un clima privilegiado, ideal para los más variados cultivos, ha determinado una riqueza incomparable que se traduce en un recetario esplendorosamente plural con cientos, o incluso miles, de recetas en las que las verduras y las frutas son protagonistas o acompañantes de lujo.

En las tierras del interior el paisaje se vuelve más abrupto. Las escarpadas sierras se convierten en fronteras naturales entre los sistemas montañosos y las playas arenosas, los humedales y las albuferas. Frente al gran crecimiento turístico, industrial y urbanístico de las zonas costeras, el interior está mucho más despoblado y, en muchos casos, la economía de sus pueblos se encuentra estrechamente vinculada al sector agroganadero de la huerta y el campo.

Diferentes civilizaciones han dejado su huella en la gastronomía local. Podemos encontrar vestigios neolíticos que nos recuerdan cómo se vivía en las cuevas y los primeros balbuceos de la agricultura. Íberos, fenicios, griegos y cartagineses tuvieron aquí sus núcleos de población para comerciar

Arriba, estampa rural.
Abajo, detalle de un bello rincón de la albufera valenciana.

Bellezas naturales de las comarcas del interior.

desde los puertos marítimos. Los romanos darían a conocer por todo el mediterráneo los vinos y el famoso *garum*, esa contundente salsa que se preparaba con los jugos de las vísceras del pescado azul en salazón. De hecho, el gusto por las salazones ha permanecido como una seña de identidad gastronómica. En ningún otro lugar del país existe una cultura tan arraigada y conocedora de este milenario arte de conservación de las partes más y menos nobles de los pescados.

La economía de muchos municipios de las zonas montañosas de la Comunidad Valenciana está basada en el sector agroganadero.

El recetario de visigodos y bizantinos nos resulta poco menos que desconocido. Sin embargo, el largo periodo de dominación árabe dejó un rico legado tanto en la producción como en la preparación de los alimentos cuya herencia es aún palpable en las huertas y los jardines.

La gastronomía de ámbito comarcal de las provincias de Castellón, Valencia y Alicante merecería una extensa enciclopedia para poder tratar como merecen cada uno de los diferentes productos, recetas o preparaciones culinarias. En cada pueblo, en cada valle, encontramos una especialidad diferente, una forma propia de preparar los alimentos de la tierra que se ha preservado en el tiempo. Un patrimonio enorme que es un verdadero tesoro por descubrir para los gastrónomos más inquietos.

Podríamos establecer recorridos geográficos por todo el territorio siguiendo las diversas elaboraciones de las cocas, los pucheros, los arroces o las especialidades de repostería. Por no hablar de los vinos, sublime expresión del carácter de la tierra, un sector que se encuentra en vías de recuperar el gran prestigio del que gozó durante largos siglos, hasta que la filoxera arrasó los viñedos a mediados del siglo XIX.

Otro recorrido alternativo tomaría el calendario de festividades como punto de partida. La gastronomía está absolutamente vinculada a las celebraciones tradicionales. Fiestas patronales, festividades religiosas o festejos populares, todos ellos cuentan inevitablemente con un plato o receta para alegrar el paladar.

Lorenzo Millo, el gran erudito de la cocina valenciana, afirmaba que para definir la gastronomía de esta tierra hay que tener en cuenta su

Arriba, vista del Mercado Central de Valencia.
Abajo, frutería.

Bucólico paisaje en los alrededores de Morella.
Arriba, pencas de cardo. Abajo, vendedor de caracoles.

constante evolución histórica y social. Así, siendo una comunidad más receptiva que emigrante, ha recibido las más diversas influencias que han ido conformando su compleja personalidad. Y, sin duda, lo seguirá haciendo, ya que la gastronomía —los productos, las técnicas y las recetas— es una disciplina viva que evoluciona y que experimenta cambios constantemente en el tiempo.

Mucho más que paella

Nadie lo pone en duda: el arroz, introducido por los árabes, ha acabado convirtiéndose en el elemento más característico de la gastronomía valenciana. Todo parece indicar que los musulmanes no lo cultivaron en gran escala. Para consumirlo, lo lavaban siete veces en agua caliente y, luego, lo cocían en leche o confeccionaban con él una especie de pan que llevaba también panizo, mijo, habas, lentejas y judías.

La paella, ese ingenioso invento que surgió a mediados del siglo XVIII para facilitar la preparación de arroces en el campo para muchos comensales, dio nombre a la receta más internacional de la cocina española. En los años sesenta se convirtió en el símbolo indiscutible de la

Arriba, cesta de alcachofas de Benicarló.
Abajo, exposición de paellas en una ferretería local.

España desarrollista que recibía con los brazos abiertos al turismo con el lema *Spain is different*. Objeto de conferencias, debates y congresos, la paella ha pasado a ser el gran tótem y tabú de la gastronomía valenciana. Una supremacía tirana que, a veces, acaba dando tantas alegrías como disgustos. Popularmente se dice que aquí es fácil perder un amigo por una tonta discusión sobre los ingredientes inexcusables de la paella. El crítico Antonio Vergara sentencia que "la paella se discute más que se come".

Tanta es su trascendencia que, durante muchos años, la paella ha "canibalizado" con su arrollador protagonismo a una gastronomía tan rica y variada como la de la Comunidad Valenciana. El mismo Vergara provocó una gran discusión popular cuando en el año 1980 publicó un artículo titulado *La paella asesina*, defendiendo que el oligopolio de la paella marginaba a otras preparaciones. Con los años, y a través de un evidente esfuerzo divulgativo, otros muchos arroces y recetas tradicionales han acabado teniendo la importancia que merecen en las cartas de los más afamados restaurantes y ganando el favor de los comensales.

La paella, icono totémico de la cocina valenciana.

Comarca a comarca, plato a plato

La enorme riqueza de productos y recetas de la Comunidad Valenciana queda reflejada en el vasto patrimonio culinario de sus pueblos. Proponemos aquí un pequeño esbozo a través de las diferentes cocinas comarcales de las provincias de Castellón, Valencia y Alicante.

Iniciamos nuestro recorrido en el **norte de Castellón**, en la bellísima comarca montañosa de Els Ports. Es una zona de platos de montaña muy característicos como la sopa morellana, la sopa de flan, la *pilota* de Navidad, el cordero al *tombet*, las ollas y los potajes, el *recapte*, la coca *amb xulla* (con embutido), las croquetas morellanas, la gallina trufada, la perdiz en escabeche o el conejo con caracoles (*vaquetes*). Entre los dulces, destacan los *rosegons*, mostachones, *arrop i tallaetes*, pan dulce de higo y, por supuesto, los *flaons* de Morella.

El Baix Maestrat o Bajo Maestrazgo es, sin duda, una de las comarcas más visitadas de Castellón por el atractivo de sus importantes centros turísticos: Peñíscola, Benicarló, Alcossebre y Vinaròs. Todos los productos del mar, especialmente los langostinos de Vinaròs, son protagonistas de una cocina marinera suculenta y variada, con recetas como el *suquet* de pescado o el *all i pebre* de rape. En el interior, la cocina gana contundencia. Platos característicos son el ternasco a la brasa, el arroz con caracoles, la *olleta* de Sant Mateu, el arroz al horno, la sopa de almendra y los embutidos de la matanza del cerdo. Entre los dulces: rollitos de aguardiente, *pastissets*, buñuelos, *rosques*, *prims*, suspiros y almendrados.

La cocina es también recia en los pueblos de **L'Alt Maestrat** o Alto Maestrazgo. Destacan aquí los pucheros, el ternasco, el *tombet*, la carne a la brasa con alioli, el conejo con salsa de rovellones, la carne de era, —que se preparaba durante la época de la trilla—, los embutidos y los jamones. En el capítulo dulce, las cuajadas, rollitos, *cocs amb mel* (con miel), pasteles de calabaza, mantecados, flanes de almendra y coca celestial.

En **L'Alcalatén** hay que probar el suculento *tombet* de conejo y patatas acompañado con caracoles blancos (*vaquetes*), la olla *amb pilotes*

Paisaje montañoso del Alto Maestrazgo, comarca en cuya riqueza culinaria y repostera perdura la fidelidad por la tradición.

(albóndigas), arroz caldoso de pollo y conejo, la paella de albóndigas, olla de *cardets* (cardos), los embutidos y el jamón. Postres: *orelletes*, coca de *codony* (membrillo), mostillo, mostachones, brazo de gitano, rosquillas de anís…

En **La Plana Alta**, la paella es el plato por excelencia junto al arroz negro, el *arrossejat*, el arroz caldoso, arroz al horno y la fideuá. Todas las especialidades a partir del abundante pescado fresco que llega al Puerto del Grao gozan de gran popularidad. Las cocas tienen justa fama, especialmente la *malfeta* y la de Castellón, que utiliza patata en lugar de harina. En los años ochenta un pastelero de Oropesa creó las oropesinas, pastas de almendra que son ahora muy populares. Otros dulces son los *rosegons, cristines, pastissos* de boniato, *descàrregues*, tortas de almendra y *pilotes de frare* (literalmente pelotas de fraile).

Un momento de descanso durante la recogida de cerezas en las cercanías de La Salzadella.

Entre las especialidades de **La Plana Baixa** cabe señalar el arroz marjalero de Burriana, el *suquet* de peix, el *empedrao*, la paella montañesa, la *xulla* o la caldereta de calabaza. Como dulces, los rollitos de Sant Blai, el Pasqualet, las tortas de almendra, la coca *malfeta* (literalmente malhecha), las *manjòvenes*, el postre de San Pascual o las *pilotes de frare* (pelotas de fraile).

En la comarca del **Alt Millars** o Alto Mijares destacan los embutidos de la matanza del cerdo, las gachas, la olla de cardos, olla de pueblo, jabalí en salsa, pepitoria de cordero y los platos con níscalos (aquí llamados *rebollones*) de Montanejos. En el capítulo dulce, las almendras garrapiñadas, el pan de higos, los buñuelos de higos albardados, las patacas o pasteles de hojaldre con chantilly y las nueces fondant.

En **Viver**, en el Alto Palancia se prepara el arroz de santo, con bacalao y alubias. En Segorbe tienen fama la olla segorbina, el arroz *empedrao* y los embutidos, así como las especialidades con bacalao, como el ajoaceite de palo. Otras especialidades comarcales son la trucha a la almendra, patatas a lo pobre, arroz con coliflor y costillas y los embutidos artesanos. Se cocina aquí, por supuesto, con aceite de la sierra de Espadán, que se obtiene a partir de la variedad autóctona serrana. Entre los dulces: cocotes, mantecados, suspiros, *orelletes*, tortas de novios, tortas cristinas y torrijas.

Ya en la provincia de Valencia, en el **Camp de Morvedre**, destacan las distintas elaboraciones a base de arroz: paella, *arròs negre* (arroz negro), olla de *fesols i naps* (con alubias y nabos), *empedrat*, potaje de garbanzos y olla de carne. Se elaboran embutidos de gran calidad y gozan de fama las cerezas de Serra. Entre los dulces,

La belleza de los coloridos almendros en flor alegra los campos durante el invierno presagiando la llegada de la primavera.

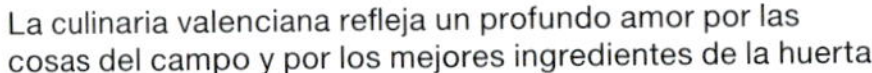

La culinaria valenciana refleja un profundo amor por las cosas del campo y por los mejores ingredientes de la huerta.

9

las *orelletes* con miel o la coca *en llanda*. Las peladillas y los turrones de Casinos se elaboran de forma artesanal.

En el **Camp de Túria** son tradicionales los arroces en sus distintas variantes: las paellas de pollo y conejo, de col y costillas, el *arròs amb fesols i naps* (arroz con alubias y nabos) y el *arròs amb bledes* (acelgas). También es típica la *caragolà* (caracoles en salsa picante), los pasteles de boniato, los *congrets*, los panquemados y las *orelletes*.

La Serrania del Turia (Los Serranos) es una de las comarcas más montañosas y accidentadas de toda la Comunidad. Su cocina es recia y destacan la olla churra, la olla de pencas, las gachas, las migas y el gazpacho serrano.

Los vinos valencianos son un reflejo perfecto de la tierra en la que nacen y del carácter de sus gentes.

En el rincón de **Ademuz**, verdadero "exclave" de la Comunidad Valenciana, encontramos preparaciones típicas de la cocina de montaña: las gachas de maíz, el potaje, las almortas o el arroz empedrado, el puchero y la olla de pueblo. Gozan de merecida fama sus tomates y sus manzanas de variedades autóctonas.

En **L'Horta**, además de las paellas tradicionales, hay que probar la paella de *fetge de bou* (con garbanzos, endivias e hígado de toro), la paella huertana, el arroz con bacalao y el *rossejat* con morcillas, *blanquets*, *garreta*, manitas de cerdo y *pilotes*.

La fiesta más famosa de la comarca de **La Hoya de Buñol-Chiva** es la tomatina, que se celebra el último miércoles de agosto y que se convierte en una auténtica batalla campal en la que se usan tomates como proyectiles. Entre los platos más destacados de esta comarca se encuentran las tortas de *tajà*, el mojete de bacalao, la olla de hierbas, la olla de pencas, las migas, la gachamiga y el *rin ran* con bacalao.

En **Utiel-Requena** hay que probar los gazpachos, las gachas, la gachamiga, el ajoarriero, el morteruelo, el potaje y la olla. El alajú es un dulce muy peculiar de origen árabe, muy popular en Cuenca, elaborado con almendras y miel.

Los arroces son el epicentro de la gastronomía de **La Ribera Baixa**. Sueca es el primer productor de arroz de España. Además de la paella, el arroz al horno, caldoso, negro o a banda, tienen fama el *all i pebre* de anguilas y la *espardenyà*, similar al *all i pebre* pero con la adición de pollo, pato o conejo. Como dulces, las *coques fines i de carabassa*, *pastissets de Nadal* (pastelitos de Navidad), rollos de Sant Blai y el Arnadí.

Panorámica del municipio de Tuéjar, en la montañosa comarca de los Serranos, zona de gazpachos, ollas y morteruelos.

En **La Ribera Alta** hay que probar la cocina de la marjal, con toda su variedad de arroces, el *all i pebre* de anguila y la *espardenyà*. En dulces, los *pastissets* de boniato, los panquemaos de Alberic y las *fogasses*.

En la **Canal de Navarrés** son populares el gazpacho, el mojete arriero o *bullio* y los arroces aromatizados con hierbas de la sierra. En repostería, el pastel de boniato, las torticas, *bizcochás*, hogasas, rolletes de anís y la mona

de Pascua. Excelente el aceite de oliva, los quesos frescos de Bolbaite y los embutidos artesanales.

En el **valle de Ayora-Cofrentes** destacan los gazpachos de monte, las ollas, potajillos, el morteruelo y el calducho, así como el ajetao, el ajotonto, el trigo picao y las gachamigas. En dulces, los grullos, el aguamiel y los almendrados. Inexcusable probar la miel de Jalance.

En **La Safor** resulta obligatorio degustar la fideuà de Gandía y el amplio surtido de arroces. Son típicos también los *figatells*, las *coques farcides*, las *coques a la calfó*, las *pebreres farcides*, la gamba *amb bleda* (con acelga), las *coques de dacsa* y los *pastissos*.

Los arroces (al horno, caldoso, paella...), la pericana y la coca al horno, con embutidos y setas forman parte del recetario popular de La **Vall d'Albaida**. De postre, *pastissets* de boniato y yemas al fondant.

La cazuela al horno es el plato más característico de **La Costera**. También destacan la paella, el *arròs amb fesols i naps* (con alubias y nabos), el arroz caldoso con acelgas y garbanzos, el puchero, el guisado valenciano de Semana Santa y la gachamiga de La Font de Figuera. En dulces, el arnadí, la *almoixàvena*, las *bones taronges* (buenas naranjas) de Xàtiva (con queso sin sal, huevos y harina), el marqués, el pastel de nevasa, la *coca en llanda*, los pastelitos de boniato y los sequillos. Excelente aceite de oliva de las variedades manzanilla, alfafara o blanqueta.

En la provincia de **Alicante** empezamos nuestra ruta gastronómica en La Marina Alta. Entre sus platos típicos podemos encontrar arroces diversos y originales (arroz con cebada y pescado, arroz con bacalao, al horno, con pencas...), *borreta* de melva, *mullador de pelleta*, puchero de pulpo, *llanda* de Calpe, *llandeta* de Dénia, *cassolada* de marisco, *figatells*, guisado de *bull*... Entre los postres, cocas dulces

Las naranjas de La Safor gozan de merecida fama.
A la derecha, día de mercado en Oliva.

ONFITERIA
El Tunel

PIMENTON PICANTE
13'00
1'30
PIMENTON AHUMADO DE LA VERA
15'00
1'50
PIMENTON DULCE "ESPECIALISIMO"
15'00
1'50
Curry
Curcuma

variadas, tortas, bizcochos, *arrop i tallaetes*, pasteles de boniato…

La **Marina Baixa** es uno de los destinos favoritos de la Costa Blanca. Entre sus platos más característicos destacan la *olleta* de trigo, la ***olleta de pilotes*** de maíz, la caldereta de pescado, los *suquets*, las *llandetas*, la *borreta*, la *pebrereta talladeta*, el *espencat,* el *bullit*, el cru de bacalao, las *coques farcides* (**rellenas**) y los *minxos*. Entre los postres, la coca boba, los rollos de Sant Blai de Tàrbena, los bollos de Sant Blai de Benidorm, la coca bizcochada, *borreguets*, *sequillos* o las galletas de Benimantell.

Al noroeste de la provincia, el Comptat o **Condado de Cocentaina** nos ofrece platos suculentos y serranos, como el puchero, conejo al ajillo, *olletes*, diversas cocas, *fassedures de dacsa* (pelotas de maíz), la *pericana*, la *borreta* y el *blat picat* (trigo picado). Como dulces: *crelletes*, higos fritos, *rollets*, *carcanyols* y sequillos. Se elaboran aquí licores muy populares como el Herbero o el Café Licor que, en verano, se completa con limón granizado con azúcar quemado y se convierte en "La mentira".

L'Alcoià o Hoya de Alcoy es una comarca interior y montañosa. Platos tradicionales: *olleta* de músicos, *olla* de notari, cocas de harina y tomate, *borreta*, *pericana*, *espardenyes* (sardinas rebozadas), croquetas de boquerón (*aladroc*), arroz de *sabater* (de zapatero, con verduras), *figatells, mullador* de conejo… Las peladillas son típicas de Alcoy. Otros dulces típicos de la comarca son las nueces garrapiñadas, turrones, pastelitos de gloria, piñoncitos dulces tostados y rollos de aguardiente

L'Alacantí o Campo de Alicante es la comarca que integra a los municipios que rodean la capital y la pequeña isla de Tabarca. De su variada gastronomía destacamos el *espencat, borretes* de bacalao, cocas de sardina y cebolla, salazones, fideuá campellera, *giraboix*, olla torruana, gazpacho con ñora y arroces diversos. Entre los postres, los turrones y helados de Jijona, las magdalenas de almendra, el *pà beneït* (pan bendecido) de Torremanzanas y los buñuelos de viento.

L'Alt Vinalopó. Platos típicos: puchero, gachamigas, gazpacho salinero, gazpacho manchego, arroz con conejo y caracoles, guisados, *olleta del camp*, *pilotes* de relleno, *borreta* de bacalao, arroz caldoso, olleta de arroz… Postres: *coquetes*, almendritos, *mantecaos*, rollitos, *tortà* y pastelitos de boniato.

La característica más destacable de la cocina valenciana es su enorme riqueza, fiel reflejo de su variado paisaje.

El Vinalopó Mitjà. Platos típicos: *borreta*, gazpachos de torta, *fassedures*, caldo al cielo (patatas, bacalao, huevos y tomate), *giraboix*, moje noveldero, tortas monfortinas de sardina, *bollitori* de bacalao... Postres: sequillos, toñas, magdalenas, perusas, coca boba, rollos de amor, pastizos, mantecados, rajadillos, suspiros, monjávenas y rollitos de aguardiente.

El Baix Vinalopó. Platos típicos: Arroz con costra, arroz y mondongo, *putxero amb taronge-tes* (cocido con albóndigas), gazpacho de mero, blanquillo de rape, caldero de pescado, gachamiga, *pipes i carasses* (bacalao con ñoras), mújol de la Laguna del Hondo, cocas, *pà torrat* (típico en Semana Santa). Postres: *tortà* de Elche, *pamfígol*, dátiles, Dulces de Crevillent.

El Baix Segura o la Vega Baja del Segura es la comarca más sureña de Alicante, lindante con Murcia. Entre sus platos típicos encontramos la ensalada de alcaciles, arroz con costra, arroz de los tres "puñaos", arroz del burro, "bacalao meneao", sopa de agramaor, gachas con arrope, gachamigas con patatas, cocido de mondongo, guisado de pava negra borracha, hormigones. Y en los dulces, almojábenas, torta boba, torta de calabaza con miel, almendrados, "mantecás", tortas escaldadas y pasteles de gloria.

El carácter mediterráneo impregna la gastronomía de la Comunidad. Bellas vistas de la pintoresca isla de Tabarca.

El arroz y las estaciones del año

El arroz se empezó a cultivar en el sudeste asiático, India y China hace aproximadamente 15 000 años. En la zona mediterránea fue introducido por los griegos, aunque en la península ibérica fueron los árabes quienes implantaron su cultivo; según antiguos documentos en el siglo VIII ya se producía arroz en Sueca. En los primeros recetarios medievales conocidos, *El llibre del Sent Soví* o *El Llibre del Coch,* aparecen las primera recetas de arroz, primordialmente utilizado como postre y cocido originariamente en leche de almendras.

El arroz (*Oryza sativa*) es una planta gramínea cuyo cultivo está restringido a climas templados y a terrenos pantanosos e inundables, como los deltas de los ríos, las marismas o los pantanos costeros. En la Comunidad Valenciana el cultivo de arroz está ampliamente extendido en las zonas periféricas de la albufera. En los municipios de Sueca, Sollana, Cullera y Silla se cultivan aproximadamente las tres cuartas partes de todo el arroz producido en la Comunidad.

En el año 1997 se puso en trámite la denominación de origen "Arroz de Valencia", cuyo reglamento fue aprobado en el año 2000, para avalar el origen y la calidad del arroz cultivado en las zonas amparadas. Las marcas acogidas a la Denominación de Origen pueden reconocerse en el comercio por la contraetiqueta con el logo y el código numérico que las identifica.

La Denominación de Origen "Arroz de Valencia" protege únicamente arroz catalogado como Extra y perteneciente a tres variedades: bahía, sénia y bomba, tres tipos de arroz perfectamente aclimatados a las condiciones de la albufera

El color de los arrozales varía cromáticamente siguiendo el ritmo de las estaciones.

valenciana. Las tres variedades son de origen japonés y resultan perfectas para que el grano absorba al máximo los sabores del caldo en el que se cuece.

Las tareas relacionadas con el ciclo anual del cultivo del arroz transforman el paisaje de la albufera siguiendo un calendario de prácticas agrícolas. En enero se inundan los campos de arroz para desalinizar la tierra y, a finales de este mes, los tractores empiezan el fangueo (*fanguejat*), operación consistente en remover y preparar los suelos, inundados con un bajo nivel de agua, con ayuda de la jaula trasera de los tractores.

Hacia el mes de abril los campos empiezan a secarse y se procede a alisar y arar los suelos. Tras estas operaciones, los campos se inundan de nuevo de forma gradual. En mayo se siembra el arroz. Actualmente, el sistema de replantar los *guaixos* o tallos cultivados previamente en *planters* es muy escaso, dado que se trata de un trabajo manual y costoso. La modalidad de siembra más utilizada consiste en esparcir las semillas con ayuda de un aparato en forma de embudo adosado al tractor.

Hacia el mes de junio empiezan a aparecer los primeros brotes y las aguas de los arrozales adquieren un color verdoso. Durante el mes de julio el arroz crece notablemente y los agricultores hacen descender los niveles de inundación de los cultivos para poder tratar las malas hierbas. A esta operación se la conoce como *eixugó*. La marjal adquiere un color dorado durante el mes de agosto, a medida que las espigas de arroz van madurando.

Durante los meses de septiembre y octubre los campos se van secando y se procede a la recolección. Antiguamente, la siega se realizaba a mano con ayuda de una hoz. Las espigas se agrupaban formando *garbes* y, tras el desbarbado, se separaba el grano de la paja mediante el trillado en una era. Actualmente, las modernas

Arriba, detalle de la maduración de las espigas de arroz.
A la derecha, vista de los arrozales inundados.

máquinas cosechadoras realizan la siega y trillan las espigas al mismo tiempo. Luego, transportan el arroz a las cooperativas.

El arroz se seca en secadoras industriales para que pierda la humedad que contiene. El tratamiento se completa con los procesos de descascarillado —separación de la cáscara del grano— y blanqueado, consistente en el raspado de los granos en un molino con una piedra porosa que lija la superficie, obteniéndose así un grano de color más blanco y con mayor capacidad de absorción. El último paso consiste en seleccionar los granos, separando los partidos o pequeños, para establecer las diferentes calidades.

Después de la cosecha, se quema la paja antes de que aparezcan las lluvias otoñales. Como reza el refrán *"el arroz se planta en agua, se cría en agua y se guisa con agua"*. Durante los meses de noviembre y diciembre, los campos vuelven a inundarse y el ciclo empieza de nuevo.

Mil y un arroces

El recetario de arroces valencianos es único en el mundo. Cientos —y hasta miles— de elaboraciones —con diferentes ingredientes y técnicas de preparación— componen una inaudita gastronomía autóctona en la que las verduras de la huerta y los más variopintos ingredientes del mar, del monte o de corral se convierten en protagonistas.

Los recipientes que se utilizan en la preparación del arroz determinan el resultado final del plato. Así, las cazuelas planas de barro son ideales para los arroces al horno, una especialidad muy antigua que se preparaba tradicionalmente en el horno de pan para tener a punto la comida de los trabajadores del campo, conservando el calor hasta el momento en que se detenían las labores. Al añadir únicamente el caldo justo, se consigue que el arroz permanezca caliente sin que el punto de cocción se resienta en exceso. No sucede lo mismo en la preparación de los arroces caldosos u ollas. En este caso, los recipientes de barro —utilizados tradicionalmente—

exigen que el arroz se consuma de inmediato, ya que el calor que mantiene el recipiente acaba provocando la sobrecocción de la gramínea.

Los calderos de hierro, altos y redondos, son perfectos en la preparación de arroces caldosos. Se utilizaban en las barcas para preparar la comida de los marineros, evitando con sus paredes altas que el vaivén de las olas derramara el líquido de la cocción de los pescados en el que posteriormente se cocía el arroz. Las características ollas de hierro siguen siendo insustituibles para preparar ollas, *olletes* y arroces caldosos en muchos pueblos.

La paella merece siempre un punto y aparte cuando se habla de los arroces valencianos y por ello le dedicamos las páginas siguientes.

A la izquierda y arriba, la centenaria arrocería La Pepica, en la Playa de la Malvarosa.
A la derecha, variedad de arroces.

La paella paso a paso

1

2

1, 2 y 3

Preparar un fuego de leña y dejar las brasas candentes, de forma que al ir añadiendo pequeñas ramitas pueda variarse la intensidad de las llamas al gusto del paellero. La paella está especialmente diseñada para conseguir que el calor del fuego se transmita con la mayor rapidez, 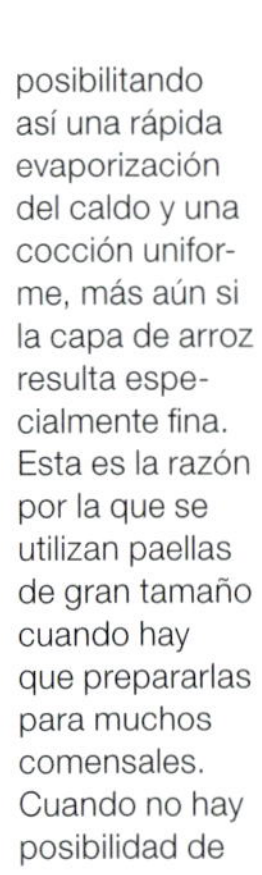 posibilitando así una rápida evaporización del caldo y una cocción uniforme, más aún si la capa de arroz resulta especialmente fina. Esta es la razón por la que se utilizan paellas de gran tamaño cuando hay que prepararlas para muchos comensales. Cuando no hay posibilidad de cocinarlas sobre un fuego de leña es necesario utilizar un difusor para asegurar su cocción uniforme. Calentar el aceite con los ajos para aromatizarlo y rehogar todas las carnes hasta que se doren.

3

4

6

5

4 Una vez doradas, retirar las carnes hacia los bordes de la paella. En el centro, rehogar las judías verdes troceadas y los tomates pelados y picados.
5 Añadir las hebras de azafrán y las judías tiernas.
Sazonar, si se desea, con un poco de pimentón, salpimentar y remover bien.
6 Añadir el agua necesaria (calcular el doble de agua que de arroz) y medir con un palo o una cuchara de madera.
La marca de humedad en el palo señalará el nivel de caldo necesario. Luego, añadir más agua y subir la intensidad de las llamas añadiendo ramitas al fuego.

7

9

8

7 Dejar reducir el caldo a fuego medio-fuerte durante unos 30 minutos, hasta obtener la cantidad de caldo reducido que señala la marca de humedad del palo o cuchara de madera. Esta forma de medir la cantidad exacta de caldo es muy práctica. Sin embargo, los paelleros expertos no la necesitan: saben calcular el caldo necesario simplemente guiándose visualmente con las marcas de los remaches de las asas de la paella.

8 y 9 Añadir el arroz y cocerlo a fuego medio durante los primeros diez minutos. Luego, bajar la intensidad del fuego y cocerlo ocho minutos más.

10 Retirar la paella del fuego y dejarla reposar unos minutos antes de servirla. Si se desea, se puede degustar sin platos, de forma que cada comensal tome el arroz directamente de la paella con ayuda de una cuchara.

Cítricos:
naranjas, limones y mandarinas

Aunque hoy su importancia económica es muy escasa, en realidad el primer cítrico que llegó a tierras europeas fue el cidro. Procedente del suroeste asiático, la cidra (*Citrus medica)* llegó a Europa a través de los viajes de Alejandro Magno. En Roma ya se cultivaba hacia el siglo III d.C y los primeros cultivos en nuestro país podrían situarse a principios del siglo VII. El cidro florecía varias veces al año y mantenía casi constantemente flores y frutos en el árbol.

En el año 714 los musulmanes llegaron a la provincia de Castellón. Empezó una nueva época para los cultivos de la zona, marcada por la redistribución de los latifundios, la implantación de nuevas especies, como la naranja amarga (*Citrus aurantium*) o la cimboa o *pummelo*, y la mejora de las técnicas de cultivo: reproducción por semilla en viveros, poda, abonado, aclareo... Asimismo, los musulmanes desarrollaron novedosos y eficaces sistemas de regadío mediante la construcción de canalizaciones, drenajes, norias y balsas. El cidro y la lima (*Citrus aurantifolia*) fueron los dos cítricos más utilizados en la refinada cocina andalusí. El naranjo amargo tenía una función ornamental. Sin embargo, el delicado perfume de las flores de azahar era de presencia obligada en los más bellos jardines y mezquitas. Con el agua de azahar se elaboraban perfumes y se aromatizaban dulces y bebidas refrescantes. El limonero (*Citrus limon*) llegaría a la península ibérica hacia la segunda mitad del siglo XI.

A la izquierda, detalle de la jugosidad de las naranjas valencianas. A la derecha, mandarinas a punto de ser recolectadas.

Una de las referencias bibliográficas más antiguas del cultivo de cítricos en la Comunidad Valenciana es la cita que aparece en el *Regiment de la Cosa Pública* de Francesc Eiximenis (1340-1409) en la que el franciscano ensalza la belleza de los huertos de naranjas y limones de las regiones levantinas.

Por sorprendente que pueda parecernos, el cultivo del naranjo dulce (*Citrus sinensis*), originario de las regiones del sureste de China, no tuvo apenas importancia comercial en la zona mediterránea hasta el siglo XVI. El portugués Vasco de Gama introdujo en Europa las nuevas variedades de naranjas dulces dos años después de su viaje a China de 1518. A partir de entonces, como reco-

Arriba, diferentes tareas en la recogida de las mandarinas.
A la izquierda, detalle de un limonero.

nocimiento a su exótico origen, se las conocería con el nombre popular de *naranjas de la China*.

La aclimatación de la naranja dulce en las cálidas tierras mediterráneas fue espectacular: A partir de finales del siglo XVIII se iniciaron las primeras plantaciones con carácter comercial en el levante español, donde pronto se convertiría en el frutal más carismático de su paisaje gastronómico. Tal como relata mossén Antoni Josep Cavanilles en sus *Observaciones sobre la historia, geografía, agricultura, población y frutos del Reyno de Valencia* (1797), las primeras plantaciones de naranjas dulces con carácter comercial se realizaron en el año 1781 en Bassa del Rei, partida de Carcaixent y respondieron a la iniciativa de un sacerdote, el padre Vicente Monzó junto a dos amigos, el boticario Jacinto Bodí y el escribano Carlos Maseres. Pocas décadas más tarde se iniciaron los cultivos en la Plana de Castellón.

Momento de la recolección de los cítricos.

El gradual desarrollo de los cultivos a partir de 1880 se debió en gran parte a las nuevas inversiones agrarias de la burguesía valenciana, a la aplicación de la máquina de vapor para la elevación de las aguas subterráneas y a la mejora de las comunicaciones, básicamente puertos y ferrocarriles, que facilitaron enormemente la comercialización de los cítricos. El cultivo de la naranja se extendió por toda la franja litoral del golfo de Valencia, desde la Plana de Castellón hasta La Safor, principalmente en tierras de secano que tomaban como límites los regadíos históricos o los marjales y los piedemontes más elevados de poniente. Las antiguas tierras de secano acabaron transformándose en regadíos gracias a la excavación de pozos y a la instalación de cenias y máquinas de vapor.

Las sucesivas crisis de otros cultivos como los cereales, las moras o, sobre todo, el vino, acabaron facilitando la expansión del cultivo de

La tradición del cultivo de cítricos en la Comunidad Valenciana goza de reconocimiento y prestigio en el mundo entero.

naranjas en el territorio. Las exportaciones a países europeos aumentaron enormemente hasta que se frenaron con el inicio de la I Guerra Mundial. Terminado el conflicto, el sector vivió otra época de gran esplendor gracias a las mejoras en el transporte. Tras la guerra civil española y la II Guerra Mundial se vivieron de nuevo años difíciles. El sector consiguió remontar en cifras de producción durante las décadas de los 1950 y 1960. El año 1968 será recordado por la plaga de una enfermedad llamada "tristeza", que afectó a más de un millón de frutales. A partir de 1970 muchos naranjos fueron sustituidos por distintas variedades de mandarinas (mandarinas, satsumas y clementinas).

La entrada en la Unión Europea dio un empuje a la estabilidad de las exportaciones. En el año 1999 se creó el Consejo Regulador de la Indicación Geográfica Protegida "Cítricos Valencianos" para proteger, promocionar y garantizar la excelencia de las frutas que ampara.

Actualmente, el gran problema del sector se debe a la enorme descompensación entre el precio de origen de la fruta y el precio final de mercado que acaba pagando el consumidor. Los cambiantes hábitos de consumo, los métodos de cultivo ecológicos y sostenibles y las nuevas tecnologías —que ofrecen la posibilidad de adquirir por Internet, directamente del agricultor, naranjas recién cosechadas—, son algunos de los nuevos retos que ha de afrontar el sector en un mercado complejo y competitivo en el que, a pesar de todo, los cítricos siguen liderando la producción frutícola mundial.

Los cítricos valencianos cuentan con una Indicación Geográfica Protegida.

1 3 2 4

Frutas

1 Granadas
Originaria de Oriente Próximo, el cultivo de la granada (*Punica granatum*) se fue extendiendo y aclimatando por la cuenca mediterránea desde hace más de mil años. En el sur de Alicante —el Campo de Elche, Crevillente y Albatera— alcanza su mayor plenitud la variedad *mollar*, que goza de prestigio internacional por su característico dulzor y la ausencia de pepita. Se cultivan aquí más de 2 100 hectáreas con una producción aproximada anual de 40 000 toneladas, que se cosechan de septiembre a diciembre.

2 Aguacates
Aunque los primeros aguacates llegaron al Jardín Botánico de Valencia hace más de cuatro siglos, el cultivo del aguacate es relativamente moderno y se remonta a finales de los años sesenta del siglo XX. Actualmente, las zonas de producción se reparten entre Callosa d'en Sarrià, Altea, Polop, Gandía, Benifaió, Alginet, Picassent, Faura y otros pueblos pequeños.
Se trata de una fruta que tiene gran permanencia en el árbol, donde puede estar hasta cuatro meses. La maduración no se inicia hasta que se recolecta el fruto. La cosecha se efectúa de marzo a julio.

3 Kaki de la Ribera del Xúquer
La Denominación de Origen Kaki de la Ribera del Xúquer protege la calidad de los kakis de la variedad *rojo brillante*, bien sean de pulpa blanda (*classic*) o de pulpa dura (*persimon*). Su cultivo se originó a raíz de la plantación casi anecdótica de unas semillas en la población de El Carlet. Posteriormente, a principios de los años sesenta, se injertó la primera plantación en el término municipal de L'Alcudia. Actualmente las cifras de producción anual han llegado a alcanzar las 25 000 toneladas.

4 Paisaje de cerezos
La floración de los cerezos a final del invierno transforma el color de los campos y les da un carácter

2

3

4

5

6

mágico y esplendoroso. Municipios castellonenses como Caudiel, en la comarca del Alto Palancia, y La Salzadella, en el Baix Maestrat, han hecho de las cerezas la seña de identidad de su gastronomía. También gozan de gran prestigio las cerezas de la montaña de Alicante, que cuentan con una Denominación Específica.
La cosecha se inicia a finales de mayo y principios de junio.

5 Nísperos de Callosa
De noviembre a diciembre, los nísperos empiezan a florecer cubriendo los frutales con racimos de flores blancas e impregnando los campos con su delicado aroma. La recolección del níspero empieza a principios de la primavera y puede alargarse hasta mediados de junio.
Los nísperos de Callosa d'en Sarrià cuentan con una Denominación de Origen que protege su calidad y suponen más de la mitad de la producción total nacional. Existen numerosas variedades, tanto históricas como nuevas, siendo las principales *algar* o *agerie* y *nadal*.

6 Uva embolsada de Vinalopó
En la segunda década del siglo XX, un agricultor del Valle del Vinalopó embolsó los racimos de uva de sus cepas con una bolsa de papel para intentar protegerlos de una plaga. De esta forma casual, se dio cuenta de que la bolsa no sólo protegía a la uva de los insectos y evitaba la fumigación directa de insecticidas sino que, además, los salvaguardaba de las inclemencias meteorológicas y retrasaba su maduración. La Uva de Mesa Embolsada

de Vinalopó cuenta con una Denominación de Origen que garantiza que, al menos durante sesenta días, los racimos han estado protegidos por una bolsa de papel de celulosa virgen satinada. Las variedades protegidas por la D.O. son *ideal*, con un ligero sabor a moscatel y *aledo*. Esta última, más tardía, puede estar embolsada durante 4 meses y es la uva que se degusta para celebrar las campanadas de Nochevieja.

7 Dátiles de Elche

La introducción de los palmerales, originales de Oriente Medio, se remonta a la época fenicia y vivió su época de mayor esplendor durante la dominación árabe. Con más de 200 000 ejemplares, el palmeral de Elche es el más grande de Europa. También es importante el palmeral de Orihuela, inmortalizado por la poesía de Miguel Hernández. Sujetos únicamente por un cinturón de esparto, encaramados en el tronco de la palmera a unos veinte metros de altura y manejando con destreza sus machetes, los palmereros recolectan los racimos de dátiles mientras entonan las canciones tradicionales (*cançons del munyir*). Una vez recolectados, los dátiles se dejan secar al sol sobre unas esteras de esparto. La cosecha se lleva a cabo de octubre a diciembre.

7

Alcachofa de Benicarló

La zona de producción de la alcachofa de Benicarló se extiende por las suaves planicies litorales de la comarca del Baix Maestrat, en la provincia de Castellón. Concretamente, su área de cultivo está repartida entre las localidades de Benicarló, Càlig, Peñíscola y Vinaròs.

La influencia del mediterráneo ejerce un efecto benefactor sobre estas tierras, preservándolas de fuertes oscilaciones de temperatura y permitiendo que la alcachofa se desarrolle consistente, redonda y compacta. Estas especiales características microclimáticas favorecen asimismo que las alcachofas de la zona posean una extraordinaria resistencia y que su duración sea más larga de lo normal sin mermar su calidad, retrasando el ennegrecimiento producido por los fermentos oxidantes contenidos en la propia hortaliza.

La denominación de origen "Alcachofa de Benicarló" y su reglamentación específica fueron aprobadas el 18 de septiembre de 1998. En noviembre de 2003 fue declarada Denominación de Origen Protegida por la Unión Europea.

Para reconocerla en el mercado debemos fijarnos en su característica forma chata y compacta y su peculiar hoyuelo. Además, debe ir identificada con el anagrama del Consejo Regulador.

A la izquierda y arriba, detalles de las alcachofas de Benicarló. A la derecha, momento de la recolección en el campo.

baihort

Ferraura, tavella y garrofó

Una de las quejas más frecuentes que se oyen cuando alguien quiere preparar una auténtica paella fuera de la Comunidad Valenciana se refiere a la enorme dificultad de encontrar en los mercados *ferraura*, *tavella* y *garrofó*. Estos tres ingredientes pueden ser totalmente desconocidos para los menos iniciados y por ello merecen una pequeña presentación.

En la cocina valenciana el uso de las judías verdes planas (*bajoques* o *bajoquetes*) y de todo tipo de alubias (*fesols*) está muy generalizado. Tiernas o en legumbre son protagonistas de un extenso recetario tradicional que incluye platos tan emblemáticos como ollas, pucheros y *fesoladas* (guisos de habichuelas), el *bullit*, el *arròs amb fesols i naps* (arroz con alubias y nabos) y, por supuesto, la paella.

La receta oficialmente aceptada de la paella valenciana incluye, como hemos dicho, *ferraura, tavella* y *garrofó*. La *ferraura*, también llamada *bajocó* en algunas comarcas, es un tipo de judía verde con forma de herradura. La *tavella* se desgrana en forma de pequeñas alubias tiernas con forma arriñonada, muy aromáticas. El *garrofó* recibe nombres tan distintos como "judía de la peladilla" o "judía de Lima". Es un judión similar al de la fabada y se utiliza generalmente tierno.

Otros tipos de judías que suelen incluirse en la paella dependiendo de la estación son el *rochet* (*roiget* o *rotjet*), que recibe su nombre por sus características pintas rojizas, y la *manteca* o *mantequeta*, un tipo de judía muy tierna y mantecosa —de ahí el apelativo— que se identifica con facilidad por el vistoso color amarillo crema de sus vainas.

1 Roget o Rochet **2** Garrofó **3** Ferraura **4** Manteca
5 Perona **6** Tavella

1
2
3
4
5
6

Ñoras y tomates secos

Las ñoras son pimientos secos de la variedad *capsicuum anuum*, de forma chata y redondeada. Se distinguen del resto de pimientos tanto por su característica forma como por el peculiar sabor que adquieren tras el secado. Las más apreciadas de toda la Comunidad son las que se producen en la comarca de la Vega Baja y, muy especialmente, las que se secan en Guardamar del Segura.

Tras la recolección, las ñoras de Guardamar se colocan sobre la fina arena de la desembocadura del Segura y se cubren. La arena mantiene y reparte el calor en las noches durante el mes que dura el proceso. El secado natural, sin usar hornos, diferencia estas ñoras o "pimientos de bola" del resto de la producción nacional.

Las ñoras son grandes protagonistas secundarias del recetario tradicional valenciano en numerosos arroces, guisos, picadas y salsas, siendo la *salmorreta* la más conocida de éstas últimas.

Los tomates secados bajo el abrasante sol de verano adquieren un sabor fuerte, decidido y peculiar. Tras diez o doce días de secado, se conservan en sal o en aceite. Alcanzan un precio muy alto en los mercados. El tradicional *esmor-çaet*, desayuno con el que reponían fuerzas las gentes del campo en Alicante a media mañana, consistía en un reconstituyente combinado de tomates secos fritos con un huevo frito y una sardina de casco.

A la izquierda, ñoras y tomates secos. Arriba, ristras de ñoras en el mercado. Abajo, tomates secos en aceite de oliva.

Encurtidos y salmueras

El uso de las salmueras (*salmorres*) se remonta a la más lejana antigüedad y está muy vinculado al comercio de la sal en las milenarias salinas de la costa levantina. La salmuera es un ancestral método de conservación de los alimentos mediante una preparación muy simple a base de agua y sal que ya era conocida por fenicios, griegos y romanos.

La elaboración de los encurtidos es muy similar a la de las salmueras. La diferencia básica es que utilizan el vinagre como producto conservante.

Las salmueras y encurtidos son muy populares en las tres provincias para conservar todo tipo de hortalizas e históricamente han formado parte del almuerzo tradicional de las gentes del campo.

Aceitunas de diferentes tipos con diversos aliños y encurtidos variados: un ingrediente que no puede faltar en una buena mesa.

Aceitunas, alcaparras, cebollas, pepinillos, pimientos, tomates, coliflor, remolacha, zanahoria... Las más diversas hortalizas de la huerta protagonizan un colorido elenco de salmueras y encurtidos que suelen degustarse como aperitivos para estimular el apetito.

Entre las más originales, hemos de destacar las elaboradas con tallos de alcaparras o el *raïm de pastor* (uva de pastor), a base de uñas de gato, una pequeña planta muy común en caminos y roquedales que tradicionalmente se usaba para combatir la acidez de estómago. También sorprenden por su originalidad las nueces tiernas en salmuera, que se preparan en algunas poblaciones de la Marina Baixa y del Condado de Cocentaina.

Agricultura biológica y gastrobotánica

El espectacular aumento de la demanda de productos de agricultura biológica ha encontrado respuesta en un sector de agricultores valencianos concienciados en el respeto al medio ambiente y la salud del consumidor. La agricultura biológica se basa en el respeto por el ciclo de los productos y evita el uso de fertilizantes, pesticidas y otros productos químicos.

La gastrobotánica es una nueva disciplina que estudia y comercializa variedades vegetales que están fuera de los circuitos tradicionales. La empresa pionera en este campo está ubicada en Elche y basa su negocio en la comercialización de dátiles frescos. Debido a su situación geográfica y a su tardía cosecha, los dátiles de Elche son los únicos dátiles frescos del mundo en el momento de su recolección. También trabajan con cítricos desconocidos (limequat, calamondín, mano de Buda, dragonfly, caviar cítrico...) y con verduras y frutas del desierto, como el alga de tierra, la lechuga glacial, las carisas o ciruelas de Natal y las fresas del desierto, pequeñas frutillas rojas con aroma a jazmín... Todo un mundo de nuevas propuestas vegetales por descubrir.

Una tendencia en alza: el amor por los productos más naturales evitando el uso de pesticidas y sustancias químicas.

F.R.O.M.
F.R.O.M.
F.R.O.M.
F.R.O.M.

El mar y la cocina de las barcas

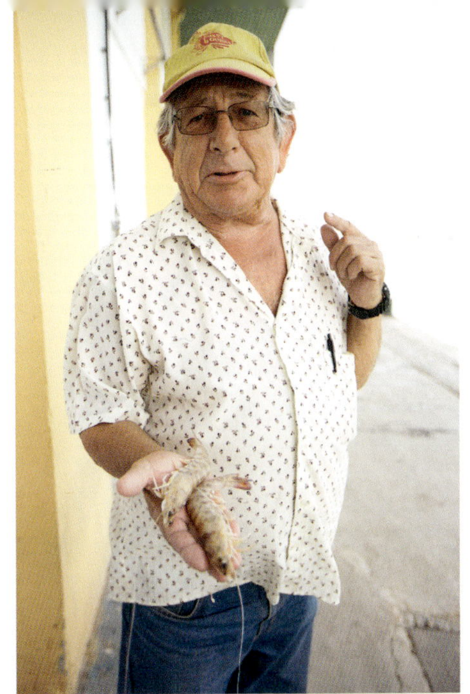

Históricamente no sólo los pueblos costeros han demostrado su devoción al mar y a sus productos en la rica gastronomía marinera tradicional de la Comunidad. La pasión por la cocina típica de los pescadores ha estado siempre presente también en los pueblos más alejados del litoral gracias a la figura de los arrieros, que transportaban pescados y mariscos frescos a lomos de sus mulos y caballerías a través de empinadas rutas hacia el interior, en algunas ocasiones aprovechando para el viaje el hielo de las ocasionales nevadas de invierno y primavera que se mantenía en originales construcciones de piedra conocidas como *pous de neu* (pozos de nieve) o *caves* (cavas). No resulta extraño, pues, que algunas especialidades marineras sigan siendo hoy en día auténticas señas de identidad de la gastronomía de localidades bien alejadas del mar.

La devoción por las artes de la navegación y la pesca se remonta a la época de los íberos

Los mejores pescados y mariscos frescos pueden disfrutarse en toda la geografía costera de la Comunidad Valenciana.

AUFIMAR
3ª CP-3-5-01

y al comercio con Roma. La popularidad de la salsa *garum*, elaborada a base de pescados azules fermentados, hizo también que florecieran las industrias cerámicas para fabricar ánforas y recipientes que facilitaran su transporte junto a vinos y aceites. Asimismo, el prestigio que gozaban en la metrópoli los productos derivados del atún favoreció el desarrollo de las almadrabas en estas costas.

Posteriormente, los gremios de pescadores proliferaron en los distintos puertos costeros. La destreza en la navegación a vela convirtió en habitual la presencia de pescadores valencianos en caladeros alejados, como Baleares, Canarias o las costas africanas. En la segunda década del siglo XX, con la popularización de las embarcaciones a motor, se consolidó el arte del *bou* y el arrastre y se establecieron numerosas colonias de pescadores de origen valenciano, alicantino o castellonense en muchos otros lugares del litoral nacional. En los años 50, la flota pesquera de Santa Pola, con más de 200 embarcaciones, era ya considerada la más importante del mediterráneo español.

Esta tradición histórica ha fructificado en una cocina marinera exquisita que se basa en el aprovechamiento integral de los recursos del mar, desde los más humildes pescados de morralla, ideales para guisos, caldos y calderos de barca, hasta los más cotizados bocados. Todas las

Llegada de los barcos a la lonja cargados con la gran variedad de pescados que caracteriza a la cocina marinera valenciana.

A la izquierda, bella panorámica de la rocosa costa de la isla de Tabarca. Arriba, Santa Pola. Abajo, gaviota.

técnicas de cocción del pescado están presentes en el recetario tradicional marinero de la Comunidad: asados, hervidos, guisados, fritos, escabechados... Cabe destacar, sin embargo, un tipo de elaboración muy común y popular. Se trata de un sofrito al que se agrega el pescado, se cubre con una pequeña cantidad de caldo o agua y se deja hervir brevemente. Con esta misma técnica, aunque con distintos ingredientes, encontramos numerosas especialidades parecidas con diversos nombres: *sucs, suquets, cassoles, cruets, nugats...* También debemos mencionar las *llandes* o *llandetes*, recetas en las que el pescado se asa en una fuente metálica que recibe este nombre.

Sería imposible resumir aquí el inmenso repertorio que conforma el patrimonio gastronómico de la cocina marinera de la Comunidad. Por supuesto, los arroces en todas sus formas de preparación se han convertido en el emblema de la cocina marinera valenciana. Los fideos gozan también de gran predicamento, ya sean *rossejats*, —ligeramente dorados antes de cocerlos—, o *a banda*, como el arroz, o caldosos. Mención aparte merece la fideuá, que tiene en Gandía su indiscutible capital mundial.

Otras recetas marineras sustituyen la anguila por *llissa* (mujol), rape o lubina en el tradicional *allipebre*, maridan los cardos con calamares o pulpo o proponen barroquismos pantagruélicos como el *putxero de polp* (puchero de pulpo). La mera enumeración de las especialidades marineras más populares resultaría interminable.

Muchas de estas recetas recuperan la tradición de la cocina que realizaban los propios pescadores a bordo, una cocina de rancho que se popularizó más tarde en las fondas y tabernas de los puertos. Sobre la *burguera* o fogón, y al rescoldo de las brasas, se asaban *cabets*, *gerrets*, sardinas, boquerones, caballas y *jurioles*. También se cocinaban los salmonetes, antes

de convertirse en uno de los bocados más cotizados en el mercado, o los pescados o pulpos *eixumorats*, secados a la intemperie durante unas 10 o 12 horas.

En un caldero de hierro se sofreían primero unos ajos y una ñora, que luego se reservaban para la picada, y se colocaba el pescado por capas: primero los de carnes más consistentes (araña, rata, congrio, *rascassa*, raya…) y luego los más blandos (caballas, *martinetes*, *rafets*…). Se añadían patatas, cangrejos y galeras. El pescado se cocía unos 20 minutos y se aliñaba con una vinagreta de vinagre, ajoaceite y caldo. Después se servía la sopa, previamente espesada con una buena picada. En la cocina tradicional de La Marina se denominaba *sopa de piló* si estaba espesada con abundante pan frito o *sopa de galgo* si era más ligera. El arroz a banda o la fideuá también se preparaban en caldero —nunca se usaban paellas en una barca porque, al ser planas, el caldo se derramaba fácilmente con el vaivén de las olas— y se servían siempre melosas.

La afición al marisco de los valencianos se ve recompensada por la extensa y deliciosa oferta que brinda la gran despensa marina. Entre muchos otros, debemos citar aquí inevitablemente los langostinos de Vinaròs y Guardamar, las gambas rayadas de Dènia, las cigalas, los erizos, las tellinas, las *espardenyes*, las *caixetes* o los dátiles de mar.

Pescados y mariscos protagonizan cientos de recetas tradicionales de la cocina marinera del litoral de Castellón, Valencia y Alicante.

Salazones, una técnica milenaria

Borreta, guisado de *bull*, *pebreretes*, *pericana*, *espencat*, fritanga de *sangatxo*... Son platos tradicionales de la cocina alicantina, provincia que puede sentirse orgullosa de ostentar el título de primera consumidora de salazones, no sólo en el territorio español sino en toda Europa. Sin embargo, la desaparición de las almadrabas de este litoral (la última fue la de la isla de Tabarca, en 1960) y el progresivo aumento del precio de las salazones de calidad han provocado que las cifras de consumo hayan ido descendiendo paulatinamente a lo largo de las últimas décadas. A pesar de ello, las salazones siguen siendo indiscutibles señas de identidad de la gastronomía tradicional de las comarcas alicantinas.

La elaboración de salazones posee una tradición milenaria. Su producción vivió una época de esplendor durante la época romana e iba estrechamente asociada a la elaboración y comercio del mítico *garum*. Distintos yacimientos arqueológicos demuestran que el proceso de producción de salazones de hace 2 500 años no difería mucho del actual.

Cada tipo de pescado y cada parte del animal requiere de una técnica y unos cuidados especiales para conseguir el punto de sabor y textura deseados. Lo mismo ocurre a la inversa, en el proceso del desalado. Cada cocinero debe aprender a encontrar el punto de sal exacto que desea obtener de cada pieza.

Un buen experto debe saber diferenciar entre una salazón artesanal de calidad y una falsa salazón, elaborada con atunes congelados procedentes del Golfo de México procesados en túneles de secado.

Otra de las asignaturas pendientes para convertirse en un buen gourmet de las salazones consiste en aprender a reconocer las dieciséis

Salazones en un puesto del Mercado Central de Valencia, uno de los mejores lugares del mundo para comprar este producto.

Selectas
Vicent Peris
Saladura Selecta
Vicent Peris
Saladura Selecta
CAPELLANETS
ARTESANS
30'00 €
KILO

diferentes salazones del atún, desde el humilde *sangatxo* hasta el selecto *mormo* (una especie de solomillo situado en la cabeza del pescado) o el morrillo, (más graso y situado a continuación de este último) pasando por el corazón, el *budellet* (tripas), la *espineta* o las *faseres* (las membranas gelatinosas que rodean los ojos del atún). Todo se consume.

La popular mojama procede de las partes llamadas *descargados* y *descargamentos*, situados bajo el lomo del atún. Es la parte más seca del pescado y su corte debe ser fácil y presentar un color oscuro y brillante. Cuando se utiliza atún claro congelado (*yellowfin*), el color es más tenue y el sabor menos intenso.

La prestigiosa *tonyina de sorra*, también conocida como *ijada*, *ventresca* o *toquilla* es la barriga del atún y su carne es la más jugosa del animal debido a su alto contenido graso. La parte más cotizada del animal son las huevas. Cada atún posee dos huevas. Las del macho no son aptas para salar y se consumen en fresco como aperitivo. Las huevas de la hembra, llamadas *de grano*, tienen una forma cilíndrica cuando están recién extraídas. Una vez saladas y secadas, primero al sol y después en el secadero, constituyen el bocado más selecto y apreciado.

Otras salazones populares se obtienen del marrajo, la bacoreta, la *mussola* (cazón), la caballa, la sardina de casco o los capellanes.

A la izquierda, bonitos en salazón. Arriba, aprendiendo a diferenciar una salazón artesanal de calidad.

La geografia de las cocas

La historia de las cocas en la cuenca mediterránea es tan antigua como el pan o el trigo molido. Los guerreros griegos las preparaban y las aderezaban con aceitunas y con el jugo de las olivas calentadas. En Roma, según cuenta Virgilio, era popular el consumo de *moretum*, una coca preparada con harina y levadura que se acompañaba con cebolla, ajo, aceite y vinagre. Algunos expertos aseguran que, en su origen, las cocas debían ser siempre circulares y tenían inevitablemente un círculo en el centro, posiblemente como reminiscencia de algún rito solar ancestral... Hay teorías, como cocas, para todos los gustos.

Lo cierto es que las cocas están profundamente arraigadas en el acervo gastronómico

El arte de preparar cocas, dulces o saladas, está profundamente arraigado en los hogares valencianos.

de la Comunidad Valenciana. Cada localidad, e incluso cada familia, guarda celosamente los secretos de la preparación de una coca que consideran como propia. Todas parecidas, todas diferentes. Dulces o saladas, planas o tapadas (*fassides*) pero invariablemente deliciosas.

La base es siempre la misma: una masa preparada con harina (de trigo, de maíz...), agua, aceite o cerveza, en algunos casos levadura o un pellizco de bicarbonato o gaseosa, y una pizca de sal o azúcar. Por supuesto, pueden llevar también mantequilla, vino blanco, mistela, cazalla o algún otro destilado o especia para darles un punto de sabor. A partir de ahí, las fermentaciones, formas y cocciones pueden ser muy distintas.

El abanico de ingredientes de los diferentes rellenos es casi infinito, aunque, en el caso de las cocas saladas resultan muy populares los embutidos (longanizas, morcillas, *blanquets*, sobrasadas) y, sobre todo, las hortalizas más mediterráneas, como los pimientos, berenjenas, tomates, cebollas, alcachofas, guisantes, acelgas...

La geografía de la coca nos lleva a los rincones más recónditos del territorio para sorprendernos siempre con una especialidad tradicional local diferente.

Así, las cocas en el Maestrat reciben el nombre de *cocs* (muy popular el *coc en tomata* de Morella, *en carne magra* o *coc en sardina*). En la Safor se preparan *coques fregides, de casa con forat al mig i sense, filaneres...* Mención aparte merecen las *coques de mestall* de Tavernes de la Valldigna o las *coques escaldades o a la calfó*, tan populares en Oliva.

Arriba, preparando una coca de arenque.

En las comarcas alicantinas, como no podía ser de otro modo, son muy populares los rellenos con diversas salazones. Los *minxos*, cocas finas y alargadas, y la *coca de molletes* gozan de gran predicamento.

En el capítulo de las cocas dulces hemos de destacar la omnipresente *coca llanda* o *coca boba*, las *coques de cacau*, —a las que se añade cacahuete, muy populares en las comarcas cercanas a Valencia—, la coca fina de Sant Antoni, presente en muchas comarcas de la Comunidad pero originaria del Alt Maestrat, —como la *coca malfeta*, la *coca celestial* o la *coca amb molla*—, les *fogassetes* de Algemessí, la Coca de Sant Joan, las *coques fines*, las *coquetes a l'arrop*...

El inventario, tanto de cocas dulces como saladas, podría llenar las páginas de toda una enciclopedia especializada. En cualquier caso, no deja de resultar chocante que, en una sociedad en que las deliciosas cocas propias han estado siempre presentes, la tiranía de las pizzas y las *focaccias* más adocenadas se haya impuesto de una forma tan rotunda... Paradojas de la globalización.

Coca de Castellón, elaborada con patata. A la izquierda, la deliciosa coca o torta Cristina, a base de almendra molida.

Quesos mediterráneos

Por su importancia histórica, el tronchón ocupa el primer lugar entre los quesos de la Comunidad Valenciana. La más famosa de las referencias bibliográficas que documentan la existencia del tronchón es la loa de sus virtudes que hace Sancho Panza en El Quijote. La zona de producción del tronchón se extendía históricamente por todo el Maestrazgo y Els Ports de Morella y Beceite, desde la Plana castellonense y el Delta del Ebro hasta el interior de Teruel. El queso se elaboraba con la leche de los rebaños de ovejas —en los que también ramoneaban algunas cabras— que realizaban la trashumancia en los altos pastizales de las sierras levantinas.

Los moldes utilizados, de madera de olivo o boj, tenían un pequeño cono en la base para ayudar al exudado del suero y daban a la cuajada moldeada su característica forma de volcán. Los pastores de la zona cincelaban con sus cuchillos el interior de estos moldes, decorándolos con motivos florales o religiosos que quedaban grabados en la corteza del queso.

1 Queso de servilleta o pañoleta curado **2** Tronchón.
3 Queso de La Nucía **4** Queso de servilleta (*tovalló*).
5 Cassoleta **6** Brull.

1
2
3
4
5
6

Los pequeños y golosos quesos de *cassoleta* —que significa cazuelita en valenciano— son en realidad pequeños tronchones que se elaboraban tradicionalmente en las zonas de la costa con leche de cabra, y a veces algo de oveja, para ser vendidos frescos u oreados. Al contrario de lo que sucede con el tronchón, la corteza de estos quesos no está grabada y su tamaño es más pequeño, entre 100 y 150 gramos. Antiguamente se elaboraban también los *formatges de duro o de berenar* —quesos de merienda (*berenar*) del tamaño de una moneda (duro)— que apenas llegaban a pesar 50 gramos por pieza.

Los quesos de la Comunidad Valenciana se distinguen por su decidido carácter mediterráneo y la originalidad de sus formatos.

Asimismo gozan de gran popularidad los *formatges de tovalló* (quesos de servilleta), quesos frescos de leche de cabra que tradicionalmente elaboraban los propios cabreros, dejando escurrir la cuajada en una servilleta atada y sumergiendo luego las piezas en un baño de salmuera. Su elaboración es muy común en la comarca valenciana de La Costera de Ranes (Llosa de Ranes, Llanera de Ranes, Rotglà y Corbera...) y en el Alt Vinalopó alicantino (Campo de Mirra, Benejama, Vilena...). También son muy populares en esta zona los quesos frescos de cabra conocidos como *blanquets* o quesos de Alicante, moldeados en cinchos de esparto que dejan sus características marcas en el lateral de las piezas.

El pueblo de La Nucía, en la Marina Baixa, la estrella de la gastronomía local es el queso que lleva el nombre de la población y que nació aquí de una forma muy original. El queso de La Nucía fue creado por Juan Ferrer, quien tuvo la idea de fabricar queso fresco de cabra en su propia carnicería, añadiendo algo de leche de vaca y utilizando hueveras metálicas como molde para escurrir las cuajadas. El resultado fue sorprendente. Los quesos adquirían una curiosa forma troncocónica y una original decoración con las marcas laterales de los rombos de las hueveras. Esta especialidad se hizo muy popular en toda la zona y tomó el nombre de "queso de la Nucía". En 1960 la familia Ferrer creó su propia marca para comercializar el queso de la Nucía original, así como otras variedades tradicionales: *cassoleta*, servilleta, *puçol* y *blanquet*.

En el pueblo de Catí —en el centro del valle de la zona montañosa alicantina que une Els Ports de Morella con las serranías del Maestrazgo— se encuentran algunos de los quesos más interesantes de toda la Comunidad Valenciana. Desde la cooperativa de Catí se ha apostado desde finales de la década de 1990 por la elaboración de quesos de calidad para los paladares más exigentes y por la constante mejora, tanto en estructuras como en innovación y formación. Sus quesos han obtenido algunos de los más importantes premios del panorama quesero internacional. Además, en Morella cuentan con otra quesería y con un didáctico espacio divulgativo sobre la cultura rural de la zona: el Museo del Pastor.

Embutidos tradicionales

La cultura de los embutidos nace de la necesidad de aprovechar la carne de la matanza del cerdo (*matança* o *porquejà*) para todo el año. Tradicionalmente se escogía un día frío hacia principios de noviembre o más adelante, se reunía a toda la familia y se buscaba a un experto matarife y a una mujer que fuera hábil en la tarea de remover la sangre para evitar que cuajara.

Los hombres se encargaban de separar las piezas: jamones, lomos, huesos... Las partes más nobles se salaban y luego se conservaban en adobo. Las mujeres picaban las otras carnes para preparar las distintas especialidades: *llonganisses*, *botifarres* o morcillas con arroz o cebolla, *xoricets*...

El *blanquet* es un *botifarró* elaborado con magro entreverado y cabeza. La longaniza de Pascua se elaboraba tradicionalmente en la zona de Valencia. Es una longaniza muy seca y fina a base de magro de cerdo, carne de ternera y lardo, aliñados con pimienta y anís. Los *figatells* son una especie de hamburguesa a

base de magro e hígado de cerdo envueltos en una telilla.

La *bufa* se embute en la vejiga del cerdo. El *garró* es una variante de la *bufa* pero embutida en la piel del codillo, típica de Xaló (en la Marina Alta de Alicante). La *poltrota* se elabora con cortezas de cerdo cocidas y tocino, carne de cerdo y carne de la cabeza hervida con la lengua, sal y pimienta.

El *perro* incluye carne de cabeza, tocino, sangre, cortezas y especias. La *gueña*, muy típica de Requena, se elabora con panceta y asaduras y se condimenta con pimienta, canela, clavo, ajo y pimentón.

Las sobrasadas locales pueden condimentarse con una pizca de naranja o con calabaza. La más famosa es la de Tárbena, población que fue repoblada con familias mallorquinas tras la expulsión de los moriscos en 1609.

Los embutidos elaborados a partir de la matanza del cerdo están presentes en toda la geografía valenciana.

I.G.P. Embutidos de Requena

El término municipal de Requena se encuentra situado a 690 metros de altitud sobre el nivel del mar en un extenso altiplano rodeado por las sierras de Negrete, Cabrillas, Malacara y Martés. El clima de esta zona se caracteriza por la sequedad y la continentalidad, con marcadas oscilaciones térmicas entre los cortos veranos y los largos y fríos inviernos, peculiaridades meteorológicas ideales para el perfecto curado de los embutidos.

La tradición mondonguera de la zona es ancestral. Los chacineros de Requena se sienten orgullosos de utilizar siempre carne de cerdo hembra o macho castrado para garantizar así su mayor calidad, de usar tripas naturales para mejorar la conservación y el sabor del embutido y de elegir únicamente las mejores especias del mercado.

El Consejo Regulador I.G.P. Embutidos de Requena acoge a doce empresas familiares, situadas todas ellas en el término municipal de Requena. Los marchamos de calidad del Consejo Regulador garantizan la calidad y autenticidad del producto.

1 2 3

1 Orza: Embutido (longaniza, chorizo o morcilla) conservado en aceite de oliva en vasijas vidriadas de barro, altas y sin asas, para su consumo anual. También se conservan en "orza" el lomo y las costillas.

2 Salchichón: Mezcla de magro (80-90%) y panceta (20-10%) con sal y especias (pimienta y pimienta en grano). Curación mínima de 18 días.

3 Sobrasada: Embutido crudo curado elaborado exclusivamente con magro (15-20%) y tocino/panceta de cerdo (80-85%), c on sal, especias y condimentos.

4 Chorizo curado: Mezcla de magro (60-70%) y tocino (40-30%), con sal y especias (pimentón, pimienta, ajo, canela y clavo) y condimentos (vinos y licores).

5 y 6 Perro: Mezcla de magro (15-20%) y tocino/panceta (80-85%), con sal, especias (pimienta, pimentón y ajo) y condimentos.
La curación depende del formato; en grueso, de 7 a 10 días, en fino, de 3 a 4 días.

7 y 8 Morcillas: Mezcla de cebolla cocida, arroz (5%), manteca (10 a 20%) y sangre de cerdo (10-15%), con sal y especias (canela, clavo y pimienta). Se escaldan durante 1 hora.

9 Chorizo fresco: Se presenta embutido como una longaniza de formato más o menos delgado.

10 Gueña: Mezcla de panceta (60-70%), asaduras (30-40%), previamente cocidos o encallados, sal, especias (pimienta, pimentón, canela, clavo y ajo) y condimentos.

11 Longaniza: Magro de cerdo (70-80%), tocino/panceta (20-30%), sal y especias. Se presenta en ristras. Puede ser fina o gruesa.

1
2
3
4
5
6
7
8
9
10
11

La trufa del Maestrazgo y Els Ports

En las tierras del Maestrazgo y Els Ports se conocían tradicionalmente las trufas negras (*Tuber melanosporum*) con el nombre de *pataques negres* (patatas negras). Si alguien encontraba una trufa casualmente en el monte, la desechaba por su fuerte olor o la daba a los cerdos. Cuenta la leyenda que en los años cincuenta del siglo pasado aparecían en invierno por la zona "extraños" cazadores franceses con perro y sin escopeta que recogían las "patatas negras". Así aprendieron los lugareños el valor de las trufas. Su recolección, no regulada, se realiza entre los meses de noviembre y febrero. Existen unas pocas plantaciones truferas a partir de encinas micorrizadas. Cada año se realizan diversas muestras y jornadas gastronómicas. El mercado de la trufa de Morella se celebra los viernes por la noche en las cercanías del Portal de Sant Mateu en total discreción.

Demetrio Ferrando nos desvela los secretos de la recolección de la trufa con perro en los montes de Benassal, en el Alto Maestrazgo.

Ollas, pucheros y gazpachos

El variado elenco de guisos de cuchara de la Comunidad Valenciana es enorme y responde a una tradición ancestral de preparaciones de aprovechamiento de la huerta y de los productos del mar y la montaña. El resultado es un catálogo casi infinito, un patrimonio gastronómico tradicional de una enorme riqueza que cuenta con todo tipo de especialidades e imaginativas variaciones a lo largo de toda la geografía valenciana. Sin lugar a dudas, la olla es la receta de cuchara más popular de toda la Comunidad Valenciana. Como apunta el gastrónomo Lorenzo Millo, es plato obligado una vez a la semana en muchos hogares y su verdura principal son los cardos. La olla se diferencia del puchero en un ingrediente principal: las alubias o *fesols*.

Las ollas son un plato invernal por excelencia. En su composición aparecen las más diversas verduras de temporada combinadas con arroz, habichuelas o trigo picado. Las carnes pueden ser también muy variadas, generalmente ternera y cerdo (morro, manos, careta, costillas, tocino...) y embutidos de todo tipo. La clave: una cocción prolongada durante dos o tres horas a fuego muy lento para conseguir que la legumbre quede mantecosa y que el caldo resulte espeso y casi gelatinizado por el colágeno de las carnes. Una preparación reconfortante y nutritiva, ideal para afrontar con gallardía los días fríos del invierno en el campo.

La geografía de las ollas valencianas con todas sus variantes se extiende desde Morella hasta Orihuela: la olla de *recapte* con cecina de toro, la olla benicarlanda, la olla segorbina, la olla de Sant Blai... La olla de la Plana es olla de ayuno, ya que no lleva carnes. La olla churra, típica de Los Serranos, se prepara con pencas,

Las numerosas variedades locales de ollas y pucheros rivalizan en importancia con los arroces.

acelgas, tocino, morro, hueso de espinazo, morcilla de pan y cordero.

Hay ollas para todos los gustos: ollas gitanas, ollas de soldado, ollas de notario... Una de las recetas más famosas es la *olleta* de músicos, tan popular en Alcoy. Cuentan que la receta se preparaba sin arroz para que los músicos que amenizaban las fiestas de Moros y Cristianos pudieran degustarla después de tocar sin que el arroz estuviera pasado.

Hasta ser destronado por la paella, el puchero era el indiscutible rey de la gastronomía valenciana, el plato de las festividades y de la Navidad, cuando las familias del campo sacrificaban sus reservas cárnicas —un pavo o una gallina alimentados a lo largo de varios meses— para preparar una comida especial en la que no se escatimaban cantidades ni ingredientes. Los pucheros de domingo resultaban más modestos pero el planteamiento era el mismo: un día se elaboraba el puchero y en los días siguientes se aprovechaban los restos preparando un arroz o simplemente salteándolos con tomates y ajos fritos.

Primero se servía la sopa con una *pilota* y luego se presentaban los garbanzos en una fuente junto las verduras (patatas, nabo, col, chirivía, boniato...); en otra fuente se servía el tocino (*garreta*), los huesos, los *blanquets*, el chorizo y las *pilotes* restantes; y en una tercera fuente se presentaban los trozos de pollo y gallina.

Las *pilotes* —también llamadas *fassedures*, *rellenos* o *tarongetes*— son albóndigas del tamaño de una naranja. Se elaboran con carne picada, miga de pan y huevo, aunque los ingredientes y especias más diversos pueden formar parte de su preparación: piñones, perejil, leche, clavo, nuez moscada, sangre, higadillos, ralladura de limón... En la Marina Baixa y en la Ribera se envuelven a veces en hojas de col y en otros lugares se las llama *bordes* y se les agrega melva o *sangatxo* en salazón. También pueden prepa-

Arriba, detalle de tortas para gazpachos.

rarse con harina de maíz (*farcedures de panís o dacsa*) o darles un carácter dulzón sazonándolas con azúcar, canela, boniato y harina de almendra.

Entre otros muchos pucheros singulares destacamos la pava borracha, típica de la Vega Baja y el puchero de pulpo, muy popular en Calpe, Benissa y Moraira.

Aunque poco se sabe de su origen, los gazpachos pertenecen a una cultura muy antigua y pastoril, muy posiblemente anterior a la llegada de las legiones romanas a la península. Para quienes no estén versados en asuntos gastronómicos, hay que anotar que nada tienen que ver estos gazpachos con el famoso gazpacho andaluz, líquido obtenido a base de hortalizas trituradas. Los gazpachos serranos valencianos se preparan con carnes de caza o corral, se aderezan con hierbas silvestres y se sirven inexcusablemente con tortas o cocas ázimas.

La torta se amasaba antiguamente sobre una piel de cabra y se aplanaba hasta que fuera muy fina para que su cocción resultara uniforme una vez cubierta por las brasas. Luego, se volteaba y se cocía por el otro lado. Como afirma Francisco G. Seijo Alonso, la torta es "el alma del gazpacho" y sin duda constituye el elemento

Detalles de la preparación tradicional del gazpacho. Abajo, hojas de *pebrella* (*Thymus pyperella*).

más característico del plato. En algunos lugares, el gazpacho se sirve encima de la torta, sirviendo ésta de plato; en otras ocasiones se sirven la torta y las carnes por separado; finalmente, en la versión más popular, la torta se trocea y se sirve mezclada con el gazpacho.

Los gazpachos se preparaban tradicionalmente con carnes de caza de pelo o pluma: conejo, liebre, perdiz o paloma torcaz. Actualmente se preparan también con aves de corral e, incluso, algunos cocineros creativos han popularizado los gazpachos marineros, con mero, atún, rape, calamar, cigalas o gambas. Las hierbas silvestres que se utilizan son la *pebrella* (*Thymus pyperella*), orégano, hierbabuena y laurel.

En los pueblos del entorno del Macizo del Caroig y en los valles alicantinos del río Vinalopó, los gazpachos constituyen una auténtica seña de identidad y atraen a multitud de visitantes que acuden a degustar esta ancestral especialidad.

Degustando un impecable gazpacho en el legendario Mesón El Viscayo, de Castalla. A la derecha, torta con gazpacho.

La albufera: caza y pesca

El Parque Natural de la Albufera es un conjunto de ecosistemas húmedos de litoral —el lago, la restinga y la marjal— situados al sur de la ciudad de Valencia. Los ríos Turia, al norte, y Júcar, al sur, abastecen hídricamente las necesidades de los cultivos y delimitan el parque, enmarcado también por dos elevaciones naturales del sistema Ibérico: la sierra Perenxissa y la sierra de Corbera.

El lago de la Albufera es el más grande de la península Ibérica, con 2 837 hectáreas. En invierno, se cierran las compuertas de las golas o canales artificiales y el Parque se inunda para crear los "vedados" de caza y para la siembra de arroz, un monocultivo que ocupa actualmente unas 14 000 hectáreas, lo que supone un 70% de la

Arriba, pescadores faenando. A la derecha, idílico rincón de la Albufera valenciana durante la primera luz de la mañana.

extensión de la albufera. Otros cultivos de importancia menor son los naranjos y las hortalizas.

Tradicionalmente la albufera ha sido un espacio privilegiado para la caza. En el año 1987, un año después de la declaración del Parque Natural, se prohibió la caza en el lago a excepción de las tiradas anuales en los cotos de Sueca, Cullera y Silla. Se realizan ocho tiradas en temporada cada sábado, entre finales de noviembre y mediados de enero.

Después de la subasta de los vedados, se colocan los barriles de madera (*bocois*) o las empalizadas de cañizo en las que se esconden los cazadores, se organiza la vigilancia y se cierran los accesos para que las aves no sean molestadas.

La superficie marjalenca ocupada por cotos de caza se extiende actualmente por más de 13000 hectáreas, de las que unas 4000 corresponden a "vedados". Las especies más cobradas en Sueca y en Cullera son el ánade rabudo y el pato colorado. En Silla, la especie mayoritaria es la focha.

La explotación pesquera fue históricamente la mayor riqueza de la zona hasta que en el siglo XVIII el aprovechamiento agrícola empezó a adquirir importancia y a debilitar los rendimien-

Dos momentos de la pesca de la anguila.

tos de la pesca, básicamente por los aterramientos del lago para ganar cultivos de arroz.

Hasta hace algunas décadas, la anguila y las lubinas fueron las especies con mayor importancia dentro de la economía local. La anguila es la protagonista principal de uno de los platos más emblemáticos de la gastronomía de la zona: el *all i pebre*. La variedad más apreciada y de carne más delicada es la maresa, de vientre blanco y lomo azulado.

Los municipios del Parque Natural de la Albufera de Valencia pertenecen a cuatro comarcas: Ribera Alta, Ribera Baja, Huerta Sur y Ciudad de Valencia.

Sin embargo, hoy en día resultan mucho más abundantes las lisas y las carpas. Otras especies destacables son la gamba *gavatxa* (*Dugastella valentina*), endémica del País Valenciano y la *gambeta* (*Palaemonetes zariquieyi*). El cangrejo rojo americano, detestado por los daños que ocasiona a los arrozales y a otras especies endémicas, fue introducido durante la década de los setenta para ser cultivado de forma artificial.

Entre las especies piscícolas amenazadas cabe destacar el samarugo o *samaruc* (*Valencia hispanica*), el *fartet* (*Aphanius iberus*) y la colmilleja o *raboseta* (*Cobitis paludica*).

Como curiosidad gastronómica hay que destacar la rata de agua o *talpó*, que tradicionalmente era muy apreciada por su valor culinario. Así, leemos a Vicente Blasco Ibáñez en su entrañable novela *Cañas y Barro*: "Las ratas de la marjal sólo comían arroz, eran plato de príncipe. No había más que verlas en el mercado de Sueca (...). Las compraban los ricos; la aristocracia de las poblaciones de la Ribera no comían otra cosa". Actualmente, debido al uso de pesticidas en los cultivos de arroz, su consumo está desaconsejado.

La biodiversidad y la importancia ecológica de este maravilloso espacio natural está seriamente amenazada por factores de diversa índole. Los intereses y puntos de vista de los diferentes colectivos vinculados al Parque Natural son múltiples y, a veces, enfrentados. Diversas asociaciones trabajan muy seriamente para conciliar posturas desde el diálogo tratando de fomentar decisiones políticas de protección ecológica y medioambiental.

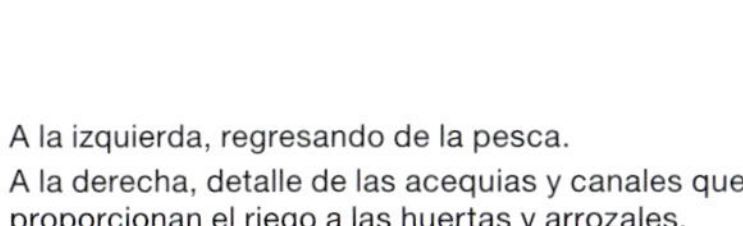

A la izquierda, regresando de la pesca.
A la derecha, detalle de las acequias y canales que proporcionan el riego a las huertas y arrozales.

2

3

4

Dulces tentaciones

1 ***Pastel de Gloria***
La base del pastel, una crujiente oblea de pan de ángel cubierta con una capa de yema, recibe el nombre de "infierno" y soporta el ligero peso del merengue en forma de cono apuntando hacia el cielo que, por supuesto, es la "gloria". Puede recibir otros nombres más mundanos como "teta de vaca" o "tetilla de monja". En Jijona se llama pastelitos de Gloria a las bolitas de mazapán rellenas con boniato y rebozadas en azúcar glas.

2 **Toñas**
Una misma masa para parecidas recetas con diferentes nombres: toñas, panquemaos, panous, micos, cócs, fogassas, manojoias... El secreto consiste en dejar que la masa repose durante horas para que fermente lentamente y adquiera la delicada textura de brioche que las caracteriza. Son típicas en diversas comarcas durante la Semana Santa y para preparar las "monas".

3 ***Oropesinas***
Una creación a base de almendra de los pasteleros Ismael Requena y Bruno Forner para impulsar la promoción turística de Oropesa en la década de 1980. Están inspiradas en la repostería tradicional de la zona y se han convertido en un verdadero referente gastronómico del municipio.

4 **Monas**
El origen de la "mona" de Pascua podría estar en los ritos romanos que se celebraban en honor de la diosa Ceres cuando empezaba la primavera. La "mona" es un bollo de masa dulce, en forma de rosca o alargado, azucarado por encima y con un huevo duro en el centro. El huevo es el símbolo de la vida que renace tras el invierno. Se consume en las excursiones al campo durante el domingo y lunes de Pascua, la festividad de San Vicente Ferrer y la romería de la Santa Faz.

5

6

7

8

5 ***Arrop i tallaetes***

El arrop se prepara cociendo mosto de uva hasta conseguir una especie de almíbar oscuro de consistencia espesa. Las tallaetes son rodajitas de calabaza, aunque también se preparan en ocasiones con ciruelas, melocotón e incluso con tiras finas de la parte blanca de la piel de las sandías.

6 **Buñuelos**

Durante las fallas, Valencia huele a pólvora y a buñuelos. La ciudad se llena de puestos callejeros al aire libre donde se fríen y se venden buñuelos de calabaza, de higos de viento…

La tradición de los buñuelos está muy extendida por toda la Comunidad Valenciana y hay quien dice "que no hay fiesta sin *bunyols*".

7 ***Flaons de brull***

Empanadillas dulces elaboradas con una masa aromatizada con anís y rellenas una mezcla de requesón, almendra molida y canela. Se hornean hasta que se doran y se sirven bien espolvoreados con una mezcla de azúcar y canela.

Indispensables para endulzar cualquier visita a los pueblos de Els Ports y, por supuesto, en Morella.

8 ***Almoixàvena***

Moixavena, monjávena, almoixavena. almojábana... Hay tantos nombres como variantes de esta típica receta de origen árabe.

El ingrediente insustituible es la manteca de cerdo que, sin lugar a dudas, es la aportación cristiana que no pudo estar nunca en la receta original... Es típica en Xàtiva y Ontinyent durante la Cuaresma y en el día de Todos los Santos.

9 Arnadí

Aunque ahora pueda encontrase fácilmente en cualquier época del año, el arnadí es un dulce típico de Semana Santa. Como muchas otras preparaciones de la repostería de la Comunidad Valenciana es de origen árabe. Puede elaborase con calabaza o boniato, o con la mezcla de ambos. Las decoraciones exteriores, a base de almendras peladas, pueden ser muy diversas dependiendo de los gustos estéticos de cada cocinero.

10 ***Fartons***

En los años 60 la familia Polo se instaló en Alboraya y decidieron crear un nuevo producto con una textura especial que se pudiera mojar en la horchata, absorbiendo el líquido sin romperse. Nacieron así los hoy populares *fartons*. Son bollos alargados ligeramente recubiertos con azúcar glaseado, ideales para mojar en la horchata y también en otras bebidas calientes, como chocolate a la taza o café con leche.

9

10

Turrón de Jijona y Alicante

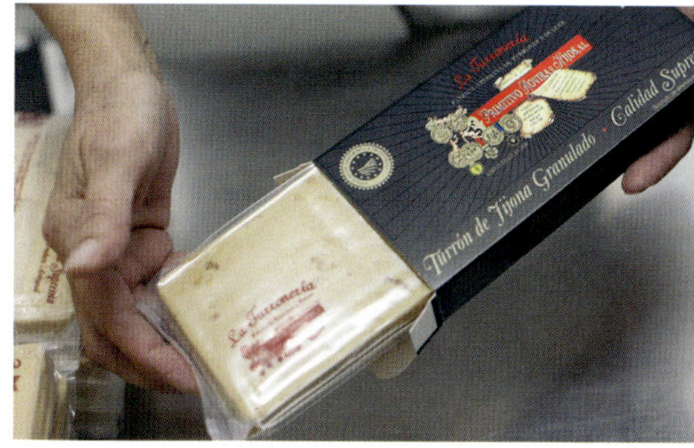

Los turrones que entroncan con la elaboración más ancestral son los de Jijona, Alicante y las tortas de Alicante.

El turrón es de origen árabe. Aún se conservan datos históricos sobre la fabricación del turrón en el siglo XVI en la ciudad de Sexona, más tarde Xixona o Jijona.

La gran expansión del mercado del turrón aconteció tras la Guerra Civil, con la emigración por toda España de trabajadores republicanos alicantinos que acabarían abriendo numerosas heladerías y turronerías por todo el país.

La almendra marcona es la auténtica base del turrón junto a otras variedades autóctonas admitidas por el Consejo Regulador como la valencia, mallorca, mollar, planeta y llargueta. Industrialmente se utilizan también otras almendras de diversos orígenes que poseen menos sabor.

La miel utilizada ha de ser miel de abejas pura de las variedades milflores, romero, azahar u otras variedades monoflorales procedentes de Alicante, Valencia o Castellón.

El Consejo Regulador garantiza unos porcentajes mínimos de un 10% de miel de pura abeja y una cantidad de almendra de un 52% para el Jijona y 46% para el turrón de Alicante. Los turrones protegidos con la Denominación de Origen Jijona y Turrón de Alicante cuentan con dos etiquetas que diferencian las calidades Suprema (dorada) y Extra (plateada) en función del porcentaje de almendra utilizado en su elaboración: 64% y 50% respectivamente para el Jijona y 60% y 46% para el Turrón de Alicante.

Al tratarse de un producto muy estacional, el resto del año los trabajadores de Jijona suelen dedicarse a elaborar otros productos gastronómicos, generalmente helados, peladillas, frutas confitadas o dulces como los pasteles de Gloria, pasteles de yema, panes de Cádiz, mazapanes y polvorones.

132

Turrón de Jijona

La elaboración artesanal del turrón sigue siendo la misma que se ha desarrollado tradicionalmente desde hace siglos.

1

2

1 La masa del turrón se obtiene por la cocción de miel, con almendra pelada y tostada, azúcares y clara de huevo. En las batidoras o malaxadoras se cuece la miel con el azúcar y la clara de huevo. Esta preparación es supervisada por el "melero" que será el encargado de decidir el punto exacto de cocción hasta conseguir el punto de hilo o bola adecuados. Luego, se incorpora la almendra, pelada y tostada, y se mezcla utilizando unas palas con forma de remos (las *punxes*).

2 y 3 La masa se extiende para que se enfríe. Luego se muele en molinos de granito.

3

4

5

4 La masa resultante se pasa por la refinadora para conseguir la textura óptima. **5** Posteriormente, esta masa es sometida a una segunda cocción durante un tiempo mínimo de 150 minutos en un recipiente llamado *boixet*. **6 y 7** El último proceso se conoce como “arrematamiento”. La masa es introducida en moldes, aún en caliente. Luego, se deja reposar durante un mínimo de 48 horas antes de los procesos de corte y envasado.

6

7

12

Turrón de Alicante

La elaboración del turrón de Alicante es similar a la anterior, pero al final del proceso se le añade clara de huevo diluida.

2

1 y 2 El proceso se inicia de la misma forma que en el caso del turrón de Jijona. En una batidora giratoria denominada “mecánica”, de 50 a 60 kg de capacidad se cuece a fuego muy lento una mezcla de azúcar y miel. La almendra pelada se tuesta en unos cilindros giratorios (“***tostadores***”) calentados a fuego intenso y se añade a la mezcla. Luego, se agregan las claras diluidas como blanqueante hasta que se consigue, por evaporación, el “punto de bola” necesario.

1

3

4

345

3 La masa se voltea manualmente con las *punxes* (palas en forma de remo) para mezclarla de forma uniforme.

4 y 5 Luego, aún en caliente, la masa se pesa y se moldea en cajones recubiertos de obleas, de unos 6 kg de capacidad.

5

Tierra de heladeros

A finales del siglo XIX, numerosos heladeros de las poblaciones alicantinas de Ibi y Jijona empezaron a desplazarse hacia las grandes ciudades del país para vender sus helados durante el verano y el turrón en la época navideña. En la segunda década del siglo XX el reto se hizo aún mayor: muchas familias decidían cruzar el charco para asentar sus negocios en Cuba, Argentina o México. Otros se establecieron en Canarias, Marruecos y Argelia.

Después de la Guerra Civil, esta diáspora tendría una razón de fuerza mayor: aquellos heladeros que habían luchado en el bando republicano y sobre cuyas cabezas pesaban sentencias de cárcel o pena de muerte encontraban en su itinerante oficio el pretexto para distanciarse de las poblaciones donde podían ser fácilmente localizados.

En el año 1958 se promulgó la primera legislación técnico-sanitaria sobre el helado y muchas de estas familias empezaron a abrir establecimientos fijos donde poder trabajar cumpliendo las exigencias de las nuevas normativas. Numerosos establecimientos que se inauguraron en esos años por toda España perduran todavía en nuestros días.

Las familias de Ibi y Xixona se reúnen después de Navidad y hasta el mes de marzo, cuando vuelven a abrir sus heladerías. Por ello, las fiestas de Moros y Cristianos se celebran aquí durante el mes de febrero, con las emotivas ofrendas de las heladeras vistosamente engalanadas con los trajes regionales de las diferentes comunidades donde regentan sus establecimientos.

Los helados elaborados en los municipios alicantinos de Ibi y Jijona gozan de fama por todo el territorio español.

La chufa y la horchata

Cuentan las leyendas gastronómicas locales que en las tumbas de los faraones egipcios se han encontrado ánforas milenarias conteniendo chufas, tal era la afición de las antiguas civilizaciones por este pequeño tubérculo carnoso al que atribuían milagrosas propiedades. Sin duda, beberse una horchata bien fresca en un día caluroso de verano sigue siendo un prodigioso remedio que quita todos los males…

Las chufas son el tubérculo subterráneo producido por las raíces de una especie de juncia, una planta ciperácea llamada cotufa. Científicamente se clasifica como *Cyperus esculentus*. La planta puede alcanzar hasta 40 cm de altura.

La chufa es la parte comestible y puede consumirse cruda, cocida o en harina. Además de su uso en la elaboración de la deliciosa horchata, también puede extraerse de ella un aceite de calidad.

En el siglo VII los árabes introdujeron su cultivo en el área mediterránea. Actualmente, la chufa con D.O. Valencia se cultiva en dieciséis pueblos de la comarca de L'Horta del Nord. Se producen aquí unos 5,3 millones de kilos anualmente, de los cuales el 90% están amparados por la Denominación de Origen. La idoneidad de la zona de los cultivos reside en un clima con abundante humedad y con temperaturas medias elevadas y en unos suelos sueltos, bien nivelados y drenados, y escasamente elevados del nivel del mar.

La siembra de la chufa se efectúa entre abril y mayo, dependiendo de la cosecha anterior.

Horchata con *fartons*.
A la derecha, detalle de las chufas limpias y secas.

La recolección se efectúa con cosechadora cuando la planta está completamente seca y agostada, entre noviembre y enero. Posteriormente se efectúa un lavado para retirar las impurezas. Luego, los tubérculos se colocan en capas de 10-20 cm y se remueven una o dos veces al día para que se sequen bien durante unos tres meses antes de seleccionarlos y limpiarlos de nuevo. Las chufas, ya limpias y secas, se clasifican por su calibre antes del envasado.

Proceso de selección de las chufas antes del envasado para retirar impurezas y clasificarlas según su calibre.

Los tipos más frecuentes de chufa son las redondeadas y alargadas, conocidas en Valencia como *llargueta* (alargada) y *armela* (redondeada).

Para elaborar una buena horchata necesitaremos 500 g de chufas, 200 g de azúcar moreno, un palito de canela, la corteza de un limón pequeño y dos litros de agua. Las chufas deben dejarse previamente en remojo con agua durante 12 horas (si se dejan más tiempo, su sabor se atenúa). Después, se lavan, se escurren y se trituran con una batidora o un robot de cocina junto con dos litros de agua. Se vierte la mezcla en un recipiente, se añade el azúcar, la canela y la corteza de limón y se deja reposar durante unas 4 horas. Pasado este tiempo, la mezcla se cuela con un colador de tela y se exprime bien.

El jugo resultante es la horchata, que enfriaremos en la nevera removiendo cada hora para que no se solidifique. En el momento de servirla es aconsejable acompañarla con los típicos *fartons*, bollos alargados con azúcar glaseado, que convierten la degustación en una experiencia casi mística.

El secado de las chufas se realiza en *cambres* durante un periodo de tres meses. Cada día se realizan dos removidos.

Vinos y licores: tradición milenaria

Antiguos yacimientos neolíticos documentan la existencia de uvas en el levante mediterráneo desde la más remota antigüedad. Los fenicios desarrollaron los plantones del moscatel de Alejandría, una variedad de uva que se adaptaría de forma admirable en las tierras alicantinas. En el siglo I a.C. el vino de Sagunto, que gozaría de gran popularidad durante la Edad Media, aparece ya citado en los textos de Juvenal y Marcial. Los romanos desarrollarían una industria paralela para fabricar las ánforas necesarias para la exportación y comercio de los vinos de la zona por el mediterráneo, aprovechando la situación privilegiada que les ofrecían los importantes puertos marítimos.

La modernización de las bodegas, la adaptación de nuevas variedades de uva y la recuperación de las cepas autóctonas definen un sector en constante evolución.

A mediados del siglo XIX, las sucesivas olas de filoxera en territorio francés hicieron que aumentara la producción de los vinos a granel. En la década de los setenta y ochenta del siglo XX se exportaban desde el puerto de Valencia millones de litros de vinos de granel producidos no sólo en la Comunidad Valenciana sino también catalanes, murcianos, castellanos y aragoneses.

La crisis de los vinos de granel y la eclosión de los vinos del Nuevo Mundo actuaron como un importante reactivo que serviría de pistoletazo de salida para la renovación y modernización del sector. Con la mirada puesta en los mercados internacionales, donde en aquellos años triunfaban los vinos monovarietales, se empezaron a introducir las variedades más famosas mundialmente, Cabernet Sauvignon, Merlot o Chardonnay; o a nivel nacional, Tempranillo, Macabeo... Con el tiempo se volvería a dar importancia a las variedades autóctonas (Monastrell, Bobal...) y a la recuperación de otras

mestizaje

Arriba, un aspecto de la vendimia.
A la derecha, detalle de los carros utilizados tradicionalmente en Utiel para transportar la uva y los odres de vino.

variedades que prácticamente habían quedado olvidadas: Tardana, Mandó... Las bodegas se modernizaron con importantes inversiones y los resultados no se hicieron esperar.

La geografía de los vinos de la Comunidad Valenciana recorre un amplio territorio con gran diversidad de climas, suelos y variedades.

La Denominación de Origen Valencia se divide en cuatro subzonas: Alto Turia, Clariano, Moscatel de Valencia y Valentino. Debido a la excelente situación geográfica y al clima cálido, se producen aquí los vinos tintos de más color de todo el Levante español. También se elaboran blancos dulces, rosados, espumosos de licor, espumosos aromáticos y rancios.

Algunos de los grandes productores, situados tradicionalmente en la cercanías del puerto, se reubicaron en las zonas del interior en los años de la reestructuración de la ciudad, construyendo nuevas y modernas instalaciones más cercanas a las tierras de cultivo.

La Denominación de Origen Utiel-Requena cuenta con la superficie de viñedos más extensa de la Comunidad Valenciana. Geográficamente se encuentra situada entre los dos ríos del sudeste valenciano, el Turia y el Cabriel, y cuenta con una orografía bastante suave, con laderas poco pronunciadas y suelos de elevado contenido calizo. Ampara los vinos producidos en los términos municipales de Camporrobles, Caudete de Las Fuentes, Fuenterrobles, Requena, Siete Aguas, Sinarcas, Utiel, Venta del Moro y Villargordo del Cabriel. El clima de la zona es continental con veranos cortos y secos e inviernos fríos y muy largos que alcanzan a veces temperaturas extremas.

El fondillón se elabora únicamente con uvas de la variedad Monastrell en las comarcas alicantinas del Alto y Medio Vinalopó.

La variedad de uva tinta Bobal es, con mucho, la más cultivada en la zona. Está documentada su existencia en estas tierras desde el siglo XV. A mediados del siglo XIX, cuando la filoxera arrasó los viñedos europeos, la viticultura local se desarrolló enormemente para surtir a los mercados exteriores. De hecho, las cepas de la variedad Bobal demostraron una fuerte resistencia al parásito y pudieron ser replantadas con pie americano.

Existen aún numerosas bodegas subterráneas de gran antigüedad, anteriores a la ocupación cristiana, que han sido usadas tradicionalmente para guardar el vino. Actualmente cabe destacar las importantes inversiones realizadas en nuevas bodegas dotadas de las más modernas instalaciones.

La Denominación de Origen Protegida El Terrerazo supone el reconocimiento al primer vino de pago del Mediterráneo, producido en esta finca de Utiel.

La antigua tradición vitivinícola de la provincia de Alicante vivió su edad dorada durante los siglos XVI y XVII. Tras un largo y oscuro periodo para la viticultura de estos pagos, que coincidió con la ocupación musulmana y los años posteriores a la Reconquista, un edicto real salvaguardó la producción prohibiendo la entrada en Alicante de vinos elaborados en otras zonas, así como la expedición de vinos que no fueran alicantinos desde el puerto de la ciudad. Comerciantes suecos, flamencos o ingleses importaban los vinos de la provincia y la ciudad de Monóvar era famosa por su prestigioso fondillón. En el siglo XIX los precios del vino de Alicante cuadriplicaban o sextuplicaban los del Jerez o el Oporto. La situación se complicó cuando la filoxera devastó los viñedos de una forma especialmente cruel.

Las tierras de cultivo de la Denominación de Origen Alicante se dividen en dos áreas bien diferenciadas. Por un lado, la ribera del río Vinalopó, que se extiende por detrás de la ciudad de Alicante. La uva Monastrell comparte aquí su hegemonía con otras nuevas variedades. Por otro lado, la zona de la Marina, mucho más pequeña, situada en la costa norte con un clima cálido y húmedo, es el territorio idóneo de la uva moscatel. También conocida como Moscatel de Alejandría, Moscatel Romano o Moscatel de Alicante, esta variedad es muy apreciada tanto como uva de mesa como en la elaboración de vinos dulces.

El fondillón es un vino noble con un 16 a 18% de alcohol por volumen, generalmente seco o semiseco, que envejece en viejas barricas de

roble durante un periodo que puede oscilar entre los diez y veinte años. Es un vino elaborado con uvas de la variedad Monastrell que alcanzan su elevada graduación por sobremaduración en la misma cepa, de un color tinto en su origen que se convierte en ámbar tras la crianza.

Cuando las botellas se llenan, una parte de cada tonel es trasegada al siguiente, llenando la merma con vino viejo. Es el sistema que se conoce como "escala de soleras".

Relata el Duque de Saint-Simon en sus memorias que al "Rey Sol", Luis XIV de Francia, le apasionaban los bizcochos empapados en fondillón. También aparece citado en la novela *El Conde de Montecristo* de Alejandro Dumas. El Conde ofrece al Marqués de Cavalcanti, buen conocedor de los mejores vinos, que escoja entre un jerez, un oporto o un fondillón. El marqués responde que su favorito es el fondillón de Alicante.

La provincia de Castellón cuenta también con una importante tradición vitivinícola. Sin embargo, una enorme extensión de viñedos fue sustituida mayoritariamente por el cultivo de cítricos a principios de la década de los ochenta. Las zonas de producción son el Alto Palancia-Alto Mijares, Sant Mateu y Les Useres-Vilafamés.

Capítulo aparte merecería la elaboración de aguardientes y licores, profundamente arraigada en la Comunidad. En Alicante hay que destacar el Cantueso y el Herbero de la Sierra de Mariola, elaborados con hierbas locales silvestres o semisilvestres, el Aperitivo-Café de Alcoy y el Anís Paloma de Monforte del Cid. En el pequeño pueblo de Xert, en el Maestrazgo, encontramos el coñac y los licores de la destilería artesanal de Julián Segarra. En Benicàssim es típico el Licor Carmelitano, creado por los Padres Carmelitas hace más de cien años en los sótanos del antiguo monasterio del Desierto de las Palmas. Mucho más recientes son el Arancello, de inspiración italiana o el Licor de Horchata de Chufa de Valencia.

La elaboración de aguardientes y licores está profundamente arraigada en la Comunidad Valenciana.

1

2

OTROS PRODUCTOS

1 2 3

1 Aceite de oliva
El olivar ha ocupado tradicionalmente extensos territorios de la Comunidad Valenciana y el prestigio de sus aceites es secular. El aceite de oliva virgen extra con Denominación de Origen Aceite de Oliva de la Comunidad Valenciana se elabora con variedades autóctonas, algunas de las cuales no se encuentran en ningún otro lugar del país: Manzanilla Villalonga, Blanqueta, Farga, Serrana de Espadán, Morruda, Cornicabra, Alfafara o Grosal, Changlot Real, Rojal, Canetera, Nana, Arbequina, Empeltre, Cuquillo, Sollana, Callosina, Llumeta, Millarenca y Borriolenca. La denominación cuenta con ocho subzonas: Maestrat, Plana Alta-Alacatén, Sierras de Espadán y Calderona, Serranías de Turia-Ribera del Magro, Utiel-Requena-Valle de Ayora, Macizo del Caroig-Vall de Albaida, Montaña de Alicante y Vinalopó.

2 La Vila y el chocolate
Fue un chocolatero de origen italiano, refugiado en La Vila Joiosa huyendo de las huestes napoleónicas, quien introdujo en el año 1810 el arte de hacer chocolate en la Vila. Pronto el oficio de *xocolater* y la

fabricación de chocolate se extendió y otras familias pusieron en marcha las primeras empresas chocolateras. Durante la segunda mitad del siglo XIX se empezaron a introducir los molinos manuales y los primeros procedimientos mecánicos en su elaboración.

El Museo del Chocolate de la fábrica Valor expone antigua maquinaria y utensilios para aprender la historia y la fabricación del chocolate de forma didáctica.

Durante el mes de agosto se celebra *Xocolatissima*, un evento gastronómico en el que se organizan numerosas degustaciones, actividades y visitas a las tres fábricas de chocolate de La Vila Joiosa.

3 Azafrán

Está considerado como el rey de las especias. Es un ingrediente indispensable de la cocina de la Comunidad Valenciana, sobre todo en la preparación de numerosos guisos, arroces y fideos. Desde mediados del siglo XIX, con la apertura del Canal de Suez, se exporta azafrán a todo el mundo desde el municipio de Novelda en el Vinalopó Medio alicantino. Tradicionalmente el azafrán que se comercializa desde estas tierras procede de cultivos de otras comunidades como La Mancha y Aragón. Para reconocer un azafrán de buena calidad hay que fijarse en que las hebras tengan un color uniforme y, sobre todo, que no presenten un aspecto pajizo que pasa fácilmente del rojo al amarillento.

4

5

4
5

4 Hierbas aromáticas
El uso de las hierbas silvestres y aromáticas de las sierras de la Comunidad Valenciana se pierde en la noche de los tiempos. Muchas de estas variedades se han utilizado con fines medicinales o como saborizantes en la cocina. Los parajes de la Sierra de Mariola, al norte de la provincia de Alicante, proveen de numerosas hierbas aromáticas con las que se elabora el popular licor local Herbero de Cantueso. Entre sus ingredientes se encuentran la salvia, manzanilla, poleo, hierba luisa, raíz de cardo santo, menta piperita, rabo de gato, santónica o hierba de Sant Blai, hinojo, anís, melisa, agrimonia, ajedrea, zamarrilla, hierba de San Guillermo, tomillo, *timó reial* y cantueso. Algunas empresas y cooperativas han iniciado el cultivo ecológico de diversas especies para su comercialización.

5 Caracoles
Vaquetes, xonetes, moros, avellanencs... Los caracoles despiertan verdaderas pasiones entre los valencianos y existe una arraigada cultura a su alrededor. Salir al monte a recogerlos después de una mañana lluviosa es una actividad gratificante únicamente comparable al placer de degustarlos con los amigos en las típicas *caragolás*. Son un ingrediente muy común en numerosos guisos tradicionales, *tombets*, arroces y paellas. Una rece-

ta curiosa son los caracoles a la *barraqueta del Nano*, guisados con ajo, hierbas, vino blanco y anchoas picadas. El nombre hace referencia a un popular sainete teatral escrito por Paco Barchino en 1921.

6 Miel

La apicultura es un oficio tradicional desde tiempos inmemoriales. Las más diversas flores de los montes y serranías, así como la cercanía a diversos cultivos frutales, dan lugar a exquisitos tipos de miel pura de abeja de diversas variedades. Además, la miel es un ingrediente indispensable de muchos dulces tradicionales, incluido el turrón. La Comunidad Valenciana es la primera productora de miel del país con una producción que representa aproximadamente la cuarta parte del total nacional. Las mieles más representativas son las de romero, azahar y limón. Completan la gama las mieles de almendro, tomillo, espliego, albaida, girasol, cantueso, brezo, milfores, anís, manzano y níspero.

7 Pasas

El comercio de la uvas pasas procedentes de la variedad moscatel fue tradicionalmente una importante actividad económica, sobre todo en la comarca de La Marina Alta. Los racimos se exponían directamente al sol para obtener la "pasa virgen" o se secaban después de un breve escaldado de pocos segundos en un caldero con agua hirviendo, sosa cáustica y hierbas que ayudaban a que las "pasas escaldadas" tomaran color. Luego, se colocaban sobre cañizos en los *riu-raus*, construcciones típicas de la zona, con porches cubiertos y grandes arcos orientados a Levante o al mediodía. Estas pasas llegaron a tener importancia mundial, exportándose sobre todo a Inglaterra y Estados Unidos desde el puerto de Dénia. La crisis de la filoxera y posteriormente la competencia de las pasas de Corinto griegas, sin pepitas, propiciaron la decadencia del sector.

6

7

01

arroces

arròs amb fesols i naps

arroz con nabos y alubias

para 4-6 personas

* 300 g de arroz D.O. Valencia * 200 g de judías blancas * 6 nabos pequeños * 400 g de morcillo de ternera * 1 mano y 1 oreja de cerdo * 150 g de costilla de cerdo * 2 morcillas de cebolla * 2 *blanquets* * 1 tomate maduro * 1 cucharadita de pimentón * 2 hebras de azafrán * sal

1. Dejar las alubias en remojo la víspera. Cubrirlas de agua fría en un caldero y ponerlas a cocer a fuego medio junto con la costilla de cerdo, la oreja y la manita. Dejar cocer unas 2 horas o el tiempo necesario para que las alubias estén tiernas. A media cocción, rectificar de sal y añadir los nabos troceados, los *blanquets* y las morcillas.
2. Mientras, en una sartén con dos cucharadas de aceite, preparar un sofrito con el tomate pelado y troceado. Sazonar con una pizca de sal, pimentón y azafrán.
3. Cuando las alubias estén en su punto retirar todos los ingredientes menos las alubias y trocearlos.
4. Añadir el sofrito preparado, el arroz e introducir de nuevo las carnes y los nabos troceados. Continuar la cocción durante 18 minutos más. Debe quedar meloso. Dejar reposar unos instantes y servir.

Este contundente arroz invernal también se conoce con el nombre de “caldera”. Pueden añadirse unas pencas, previamente cocidas en una olla aparte con agua hirviendo salada. En otras versiones se añaden también chirivías, apio, zanahorias (carlotas) o colinabo (napicol).

arròs caldós amb conill, esclata-sangs i verdures

arroz caldoso con conejo, níscalos y verduras

para 4 personas

* ½ conejo * 2 alcachofas * ½ pimiento rojo * 50 g de guisantes * 200 g de arroz * 1 tomate maduro * 1 ramita de perejil * 250 g de níscalos * 2 dientes de ajo * azafrán * aceite de oliva * pimienta * sal

1. Trocear el conejo. Limpiar las alcachofas retirando el tallo, las puntas, el heno del interior y las hojas exteriores. Cortarlas en seis trozos. Lavar el pimiento, secarlo y retirar el pedúnculo y las semillas. Cortarlo en cuadraditos. Pelar y trocear el tomate. Pelar y picar los dientes de ajo. Lavar el perejil y picarlo finamente.
2. Limpiar las setas con un paño limpio o pasándolas muy brevemente bajo el chorro del grifo para retirar toda la tierra y trocearlas.
3. Calentar tres cucharadas de aceite en una cazuela y dorar los trozos de conejo por todos los lados hasta que adquieran un bonito color dorado. Añadir el tomate y los pimientos y cocer 5 minutos más.
4. Añadir los níscalos y los ajos picados, salpimentar, espolvorear con abundante perejil picado y cocer 5 minutos más. Cubrir con agua y llevar a ebullición.
5. Cuando rompa el hervor, añadir el arroz, las alcachofas y los guisantes. Rectificar de sazón, añadir el azafrán y dejar cocer a fuego medio durante 18 minutos. Debe quedar caldoso.

Pueden sustituirse los níscalos por cualquier otra seta fresca de temporada.

caldero de barca

caldero de barca

para 4 personas

* 400 g de arroz * 400 g de congrio * 450 g de pez araña u otro pescado de roca * 450 g de pez rata u otro pescado de roca * 1 caballa * 1 tomate * 2 ñoras * 4 dientes de ajo * azafrán * aceite de oliva * sal

1. Calentar tres cucharadas de aceite en una cazuela o en una marmita de hierro (caldero) y sofreír, las ñoras, los ajos pelados y el tomate troceado. Retirarlo y majarlo en un mortero junto con una pizca de azafrán y un pellizco de sal.
2. En el mismo aceite, rehogar por tandas los pescados de carne más firme (rata, araña y congrio), previamente cortados en rodajas gruesas y salpimentados. Rehogar también la caballa y reservarla.
3. Volver a añadir los pescados a la cazuela (salvo la caballa), cubrir con agua y dejar cocer 20 minutos. Cuando falten 10 minutos de cocción, añadir la caballa.
4. Escurrir cuidadosamente los pescados y reservarlos en una fuente al calor. Colar el caldo.
5. Rehogar ligeramente el arroz en una paella o en el mismo caldero con tres cucharadas de aceite. Añadir la picada del mortero, remover y verter el caldo de pescado bien caliente. Rectificar de sal si fuese necesario y dejar cocer durante 18 minutos.
6. Servir primero el arroz y como segundo, la fuente de pescados acompañada, si se desea, con un poco de salsa alioli o salmorreta.

Tradicionalmente, en las barcas se comía primero el pescado para evitar que se enfriara y, luego, se preparaba el arroz. Estos calderos de pescadores pueden incorporar cualquier tipo de pescado. En Villajoyosa o en Torrevieja los calderos pueden llevar rape, raya, gallineta, calamar o pulpo. En el majado suele añadirse también el hígado del algún pescado previamente sofrito con los ajos y las ñoras.

arròs brut
arroz sucio

para 4 personas

* 400 g de arroz * 230 g de espinacas * 400 g de habitas tiernas * 4 alcachofas * 125 g de *garrofó* tierno * 8 ajetes tiernos * 2 tomates * ½ cucharada de pimentón dulce * ½ limón * azafrán * aceite de oliva * pimienta * sal

1. Limpiar las alcachofas retirando el tallo, las puntas, las hojas exteriores y el heno del interior. Cortarlas en seis trozos y dejarlas en un recipiente con agua y medio limón exprimido para evitar que ennegrezcan.
2. Limpiar las espinacas, retirarles las raíces, lavarlas bajo el chorro del grifo y dejarlas escurrir. Desgranar las habas. Limpiar los ajos tiernos y cortarlos en rodajitas. Pelar los tomates, retirar las pepitas y picarlos.
3. Calentar cuatro cucharadas de aceite en una cazuela de barro y rehogar los ajos tiernos durante 4 minutos. Añadir el tomate picado, las espinacas, las alcachofas y las habitas, salpimentar y rehogar durante 5 minutos más.
4. Agregar el *garrofó*, el pimentón y verter el agua bien caliente (calcular cuatro partes de agua por una de arroz), salpimentar y llevar a ebullición. Dejar reducir este caldo unos minutos y añadir el arroz y el azafrán.
5. Cocer durante 18 minutos y dejar unos minutos de reposo antes de servir. Debe quedar meloso.

Típico de la Ribera Baixa, este delicioso arroz meloso recibe su curioso nombre por el color oscuro que confieren al caldo las alcachofas y las verduras de la Ribera del Xùquer.

arròs negre
arroz negro

para 4 personas

* 400 g de arroz * 1 sepia mediana * 250 g de gambas * 1 cebolla * 2 tomates * 1 ñora * 2 dientes de ajo * 1 ramita de perejil * 1 pimiento morrón * 1 vasito de vino blanco * 1 hoja de laurel * 800 g de morralla o pescado para caldo * sal

1. Pelar y picar la cebolla. Pelar los dientes de ajo. Lavar el pimiento, retirar el pedúnculo y las semillas interiores y cortarlos en cuadraditos. Pelar el tomate, retirar las pepitas y picarlo. Picar el perejil finamente.
2. Limpiar la sepia retirando el pico, los ojos, la pluma y las vísceras. Reservar la bolsita de tinta. Trocear los tentáculos y cortar el cuerpo y las aletas en cuadraditos.
3. Limpiar todo el pescado para el caldo e introducirlo en una cazuela. Cubrir con 3 litros de agua, salar, añadir una hoja de laurel y llevar a ebullición. Dejar reducir durante 30 minutos a fuego medio. Dejar reposar y colar.
4. Calentar cuatro cucharadas de aceite en una cazuela y rehogar las gambas durante 30 segundos. Retirarlas y reservarlas. En el mismo aceite freír brevemente la ñora y los dientes de ajo enteros. Retirarlos y majarlos en un mortero junto con el tomate y el perejil.
5. En el mismo aceite, rehogar la cebolla a fuego lento durante 10 minutos. Añadir la sepia troceada y los cuadraditos de pimiento rojo y rehogar durante 4 minutos más. Verter el vino blanco, dejarlo reducir unos instantes a fuego fuerte y agregar el tomate. Sazonar con sal y agregar la picada del mortero y la bolsita de tinta diluida en unas cucharadas de caldo. Cocer 2 minutos más.
6. Agregar el arroz, rehogar unos instantes y cubrir con el caldo de pescado bien caliente (calcular el doble de caldo que de arroz y un poquito más). Cocer primero durante 10 minutos a fuego fuerte y luego 8 minutos más a fuego lento. Añadir de nuevo las gambas a media cocción. Debe quedar algo meloso.

El arroz negro puede prepararse meloso, caldoso o también seco en una paella.
Puede servirse acompañado de alioli.

arròs al forn
arroz al horno

para 4 personas

* 400 g de arroz * 400 g de costilla troceada * 200 g de panceta troceada * 100 g de garbanzos secos o 200 g de garbanzos cocidos * 3 tomates * 1 patata * 1 cabeza de ajos * 2 morcillas de cebolla * unas hebras de azafrán * 1 dl de aceite de oliva * sal

1. La víspera, dejar los garbanzos en remojo cubiertos con agua. Pelar la patata y cortarla en rodajas finas. Rallar el tomate.
2. Cocer los garbanzos en una cazuela con abundante agua hasta que estén tiernos. Escurrirlos y reservarlos.
3. Sofreír a fuego lento el tomate rallado en una cazuela con el aceite durante 10 minutos. Añadir las carnes troceadas (menos las morcillas) y rehogarlas para que queden selladas.
4. Agregar los garbanzos escurridos. Sazonar con sal y unas hebras de azafrán y cubrir generosamente con agua. Llevar a ebullición y cocer durante 50 minutos, añadiendo más agua si fuese necesario.
5. En una cazuela de barro de fondo plano agregar el arroz. Verter 750 ml del caldo de cocción obtenido y todo el contenido de la cazuela.
6. Decorar con las rodajas de patata y las morcillas partidas en dos. Disponer en el centro la cabeza de ajos entera, quitando las primeras pieles hasta ver los dientes y hundiéndola para que quede sumergida en el caldo. Cocer en el horno precalentado a 250° C durante 25 minutos. Dejar reposar unos minutos fuera del horno y servir.

Para ganar tiempo puede prepararse el caldo de cocción con las carnes en una olla a presión. En ese caso, calcular unos 15 minutos desde que se ponga en marcha la válvula.
En temporada pueden añadirse pencas troceadas al caldo de cocción.

arròs amb crosta

arroz en costra

para 4 personas

* 400 g de arroz * 2 morcillas de cebolla * 300 g de panceta * 2 muslos de pollo * 200 g de garbanzos cocidos * 4 dientes de ajo * 3 tomates * 6 huevos * unas hebras de azafrán * 1 dl de aceite de oliva * sal

1. Rallar el tomate. Pelar y picar los dientes de ajo.
2. Calentar el aceite en una cazuela y rehogar el tomate rallado junto con los ajos picados a fuego lento durante 10 minutos. Añadir los muslos de pollo y la panceta troceada y cocer 5 minutos más.
3. Sazonar con sal y unas hebras de azafrán y cubrir generosamente con agua. Llevar a ebullición y dejar cocer durante 50 minutos, añadiendo más agua si fuese necesario.
4. Precalentar el horno a 250° C. Deshuesar el pollo, trocearlo y disponerlo en una cazuela de paredes altas y fondo plano. Agregar el resto de ingredientes y el caldo de cocción (calcular 700 ml de caldo). Añadir el arroz y las morcillas cortadas en rodajas, repartirlos bien por la cazuela y rectificar de sal.
5. Hornear a 250° C durante 15 minutos. Pasado este tiempo, retirar la cazuela del horno, añadir los huevos bien batidos con una pizca de sal de forma que queden bien repartidos por toda la superficie del arroz. Hundir la punta de un cuchillo en varios puntos para que el huevo penetre un poco en el arroz. Hornear 5 minutos más, apagar el horno y dejar reposar 5 minutos más antes de servir.

El huevo debe quedar como un suflé de bonito color dorado, vigilando que no se queme. Si se desea, se puede espolvorear la superficie del arroz con pan rallado después de agregar los huevos batidos.

arròs a banda d'alacant

arroz a banda de alicante

para 4 personas

* 400 g de arroz * 1 kg de morralla para caldo * 200 g de gambas pequeñas peladas * 250 g de *sepionets* (sepias pequeñas) * 2 tomates * ½ pimiento rojo * 2 ñoras * 2 dientes de ajo * azafrán * aceite de oliva * sal

1. Calentar tres cucharadas de aceite en una sartén y freír las ñoras. Retirarlas y picarlas. Añadir los dientes de ajo enteros y los pimientos cortados en tiras. Añadir los tomates rallados, sazonar con una pizca de sal y dejar cocer unos 4 minutos.
2. Limpiar todo el pescado para el caldo y colocarlo en una olla. Cubrir con 2,5 l de agua y añadir el sofrito de la sartén (reservar las tiras de pimiento aparte), las ñoras picadas, el azafrán y sal. Llevar a ebullición y dejar cocer a fuego lento durante 30 minutos.
3. Rehogar las gambas en una paella con tres cucharadas de aceite, retirarlas y reservarlas. Agregar las sepias, limpias y troceadas y cocerlas 3 minutos más. Añadir el arroz y sofreír todo junto 2 minutos más.
4. Añadir las tiras de pimiento y verter el caldo colado (calcular el doble y un poco más de caldo que de arroz). Cocer 8 minutos a fuego vivo, bajar la intensidad del fuego y dejar cocer a fuego medio-bajo durante 10 minutos más. Unos minutos antes de finalizar la cocción volver a añadir las gambas reservadas.
5. Servir el arroz a banda acompañado con salsa alioli.

Puede servirse también con una salmorreta elaborada con un tomate asado majado con ajo, cebolla, perejil, guindilla, vinagre, aceite y sal.

arròs del senyoret
arroz del senyoret

para 4 personas

* 300 g de arroz * 250 g de rape * 50 g de rodajas de calamar * 50 g de calamarcitos * 50 g de gamba pelada * 800 g de morralla o pescado para caldo * 2 dientes de ajo * 2 tomates * azafrán * aceite de oliva * sal

1. Limpiar la morralla y ponerla en una cazuela cubierta con 2,5 l de agua. Llevar a ebullición, salar y dejar reducir durante 25 minutos. Dejar reposar y colar.
2. Limpiar el rape, los calamarcitos, los calamares y las gambas y cortarlo todo en trocitos pequeños.
3. Practicar un corte en cruz en la base de los tomates y escaldarlos durante 2 minutos en una cazuela con agua hirviendo. Escurrirlos, refrescarlos bajo el chorro del grifo, pelarlos, despepitarlos y picarlos.
4. Calentar tres cucharadas de aceite en una paella y sofreír por tandas el pescado. Primero, el rape, luego el calamar y los calamarcitos y finalmente, las gambas.
5. Añadir los ajos picados, rehogar durante 1 minuto y agregar el tomate picado. Salpimentar y rehogar durante 2 minutos más.
6. Agregar el arroz y el azafrán, remover unos instantes y verter el caldo de pescado bien caliente. Cocer durante 10 minutos a fuego fuerte, bajar la intensidad y cocer ocho minutos más a fuego medio-bajo. Dejar reposar unos minutos antes de servir.

El nombre de este arroz (del señorito) viene dado por lo caprichoso de la preparación de todo el marisco, que debe estar bien limpio y troceado. El caldo puede elaborarse con las cabezas y espinas de los pescados, así como con las cabezas y cáscaras de las gambas.

paella valenciana

paella valenciana

para 4 personas

* 400 g de arroz * 350 g de pollo * 350 g de conejo * 2 tomates * 200 g de judías verdes planas (*bajoqueta* o *ferraura*) * 125 g de judiones tiernos tipo *garrofó* * 125 g de alubias tiernas tipo *tavella* * azafrán * 1 dl de aceite de oliva * sal

1. Calentar el aceite en la paella y dorar las carnes. Retirar las carnes hacia los bordes laterales de la paella y añadir en el centro las judías verdes planas y el tomate pelado y picado. Sofreír todo junto durante unos minutos y agregar un litro de agua. Añadir los judiones tiernos y las alubias tiernas, el azafrán y la sal.
2. Cocer a fuego fuerte, llevar a ebullición, bajar la intensidad del fuego y cocer durante 30 minutos. Reponer el agua que haya reducido, llevar a ebullición de nuevo y verter el arroz.
3. Cocer durante 10 minutos a fuego fuerte y reducir la intensidad de la llama. Cocer durante 8 minutos más a fuego medio-bajo. Dejar reposar unos 5 minutos antes de servir.

Esta es la receta de la paella tal como se prepara en la huerta valenciana. En temporada pueden añadirse caracoles (*vaquetes*) o alcachofas cortadas en cuartos.

Puede aromatizarse el caldo con una ramita de romero fresco que luego se retira.

Aunque el azafrán es un ingrediente básico de la receta, el intenso color amarillo de algunas paellas es debido al uso de colorante alimentario.

Puede sazonarse el sofrito con un poco de pimentón.

paella alicantina

paella alicantina

para 4 personas

* 400 g de arroz * 600 g de conejo * 400 g de pollo * 250 g de magro de cerdo * 1 pimiento rojo * 2 tomates * 150 g de garbanzos cocidos * 1 ñora * 2 dientes de ajo * caldo de pollo * azafrán * 1 limón * aceite de oliva * sal

1. Trocear el pollo y el conejo. Lavar el pimiento, retirar el pedúnculo y las semillas interiores y cortarlo en tiras. Rallar los tomates. Pelar y picar los dientes de ajo.
2. Sofreír la ñora con las tiras de pimiento en una paella con cuatro cucharadas de aceite, retirarlos y reservarlos. En el mismo aceite dorar todas las carnes y reservarlas. Agregar el tomate rallado y los dos dientes de ajo enteros. Cocer hasta que el tomate empiece cambiar de color.
3. Retirar los ajos y majarlos en un mortero junto con la ñora.
4. Añadir el arroz a la paella, rehogar unos instantes y verter el caldo caliente (calcular el doble de caldo que de arroz). Agregar de nuevo todas las carnes, las tiras de pimiento, los garbanzos y el majado. Sazonar con sal y unas hebras de azafrán.
5. Cocer a fuego vivo durante 5 minutos. Bajar la intensidad del fuego y cocer 12 minutos más. Decorar la paella con las tiras de pimiento rojo y gajos de limón. Dejar reposar unos minutos antes de servir.

El caldo se puede preparar hirviendo la carcasa de pollo junto con huesos de conejo, puerro, zanahoria, apio, un tomate, una ñora, sal y unas hebras de azafrán.

paella de castelló
paella castellonense

para 4 personas

400 g de arroz * 200 g de pollo * 200 g de conejo * 100 g de costilla de cerdo * 100 g de judías verdes * 1 pimiento rojo * 1 tomate maduro * 1 ramita de perejil * 2 dientes de ajo * aceite de oliva * azafrán * sal

1. Trocear el pollo, el conejo y la costilla. Lavar el pimiento, secarlo y cortarlo en tiras. Pelar y picar el tomate. Pelar y picar los ajos. Lavar las judías, despuntarlas y cortarlas en trozos de unos 4 cm. Picar el perejil finamente. Llevar a ebullición agua o caldo en una cazuela aparte.
2. Calentar cuatro cucharadas de aceite en la paella y rehogar todas las carnes hasta que estén doradas. Retirarlas y reservarlas.
3. En el mismo aceite sofreír el pimiento, el tomate, el perejil y los ajos. Añadir las judías verdes y rehogar todo junto unos instantes.
4. Volver a introducir las carnes en la paella y verter el agua o caldo caliente (calcular el doble de caldo que de arroz). Sazonar con sal y azafrán, remover durante unos segundos y dejar cocer 18 minutos. Dejar reposar durante 5 minutos antes de servir.

Otra paella diferenciada es la que se elabora en la Ribera Alta valenciana. Incorpora pimientos verdes, *ferraura*, *tavella* y *garrofó*, tomate, ajo, azafrán, conejo y caracoles. A nivel doméstico se suelen añadir también albondiguillas elaboradas con magro de cerdo, hígado y sangre de gallina y aromatizadas con ajo, perejil piñones, y canela.

paella de marisc
paella de marisco

para 4 personas

* 400 g de arroz * 500 g de morralla para caldo * 500 g de mejillones * 250 g de rape * 1 sepia * 4 gambas * 4 cigalas * 2 tomates * 3 dientes de ajo * aceite de oliva * azafrán * sal

1. Preparar un caldo de pescado hirviendo abundante agua con la morralla, las espinas de rape si las hubiera, un diente de ajo, unas hebras de azafrán y una pizca de sal. Llevar a ebullición y dejar reducir a la mitad.
2. Abrir los mejillones al vapor y retirar las medias conchas vacías. Colar parte del jugo de la cocción y añadirlo al fumet.
3. Limpiar la sepia retirando la pluma, las vísceras, los ojos y el pico. Cortarla en dados. Cortar el rape en dados. Rallar el tomate. Pelar y picar los ajos.
4. Calentar cuatro cucharadas de aceite en una paella y rehogar brevemente las gambas y las cigalas. Retirarlas, sazonarlas con una pizca de sal y reservarlas.
5. En el mismo aceite, rehogar los dados de sepia y rape durante 4 minutos. Retirarlos, salarlos y reservarlos.
6. Añadir el tomate rallado y dos ajos picados y cocer 5 minutos. Agregar de nuevo los dados de sepia y añadir el arroz. Rehogar unos instantes y cubrir con el fumet colado bien caliente (calcular el doble de caldo que arroz).
7. Rectificar de sal si fuese necesario y agregar unas hebras de azafrán. Cocer durante 5 minutos a fuego fuerte.
8. Pasado este tiempo, colocar decorativamente los mejillones, las cigalas y las gambas. Cocer durante 12 minutos más a fuego medio-bajo y dejar reposar unos minutos antes de servir.

Las variaciones de la paella de marisco o marinera, típica de restaurante, son infinitas. Se pueden combinar otros ingredientes del mar como calamares, almejas, galeras, cangrejos, langostinos...

paella de bacallà i col-i-flor

paella de bacalao y coliflor

para 4 personas

*** 400 g de arroz * 200 g de bacalao ya desalado * ¼ de coliflor * 2 dientes de ajo * 1 tomate * ½ cucharadita de pimentón * azafrán * aceite de oliva * sal**

1. Secar bien el bacalao y asarlo ligeramente sobre una paella caliente. Luego, desmenuzarlo con los dedos.
2. Lavar la coliflor y cortarla en ramitos. Pelar y picar los dientes de ajo.
3. Calentar tres cucharadas de aceite en una paella y sofreír el tomate con los ajos picados. En cuanto el tomate empiece a cambiar de color, añadir el bacalao desmenuzado y los ramitos de coliflor.
4. Sazonar con el pimentón, sal y unas hebras de azafrán y cubrir con agua (calcular el doble de agua que arroz). Cocer durante 5 minutos a fuego fuerte y luego cocer otros 12 minutos a fuego medio-bajo. Dejar reposar unos minutos antes de servir.

Este arroz cuaresmal puede prepararse también al horno. Existen numerosos arroces con bacalao que incorporan otros ingredientes como espinacas, ajos tiernos, cebolla, costillas de cerdo...

El arroz de los bandoleros (*arròs dels roders*) se prepara con aquellos ingredientes que los fugitivos podían llevarse a sus guaridas en el monte: bacalao, ajo, azafrán, pimientos secos, caracoles y hierbas silvestres.

02

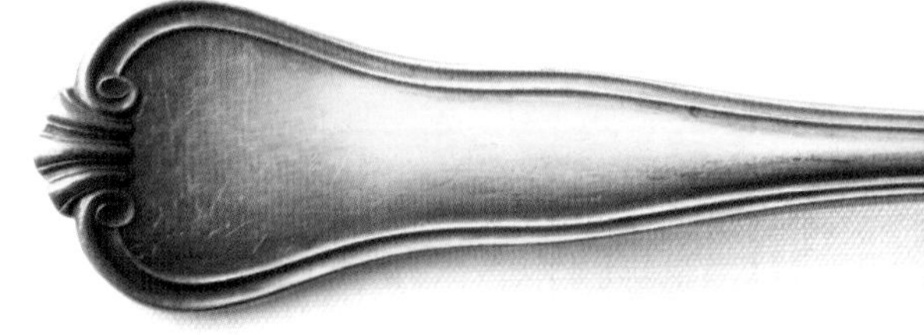

recetas de entrantes

amanida de taronja i bacallà
ensalada de naranja y bacalao

para 4 personas

* 3 naranjas * 2 cebolletas * 300 g de bacalao desalado * 2 cucharadas de aceitunas negras

para la vinagreta:

* 4 cucharadas de aceite de oliva * 1 cucharada de vinagre de Jerez * pimienta * sal

1. Pelar las cebolletas, cortarlas en gajos finos y dejarlas en un bol con agua y hielo durante 15 minutos para que pierdan intensidad.
2. Escurrir el bacalao y cortarlo en tiras. Pelar las naranjas a lo vivo, retirando toda la piel blanca, y cortarlas en gajos.
3. Preparar la vinagreta batiendo el aceite con el vinagre y una pizca de sal y pimienta hasta obtener una salsa emulsionada.
4. Disponer los gajos de naranja decorativamente formando un abanico sobre una fuente de servicio y colocar el bacalao en el centro. Espolvorear con la cebolleta y las aceitunas negras, aliñar con la vinagreta y servir.

En la Comunidad Valenciana es muy popular el bacalao conocido popularmente como “inglés” o bacalao verde, de media curación, menos salado que los bacalaos blancos noruegos o islandeses.

amanida de moixama, tomàquet, taronja i olives negres

ensalada de mojama, tomate, naranja y aceitunas negras

para 4 personas

* 4 tomates de ensalada * 150 g de mojama * 1 naranja * 2 cucharadas de piñones * 2 cucharadas de aceitunas negras * 3 cucharadas de aceite de oliva * 1 cucharada de vinagre * 1 cucharada de azúcar * 1 ramita de perejil * pimienta * sal

1. Lavar la naranja bajo el chorro del grifo, secarla y rallar finamente la piel. Exprimirla para obtener su zumo.
2. Calentar el zumo de naranja en una cazuelita junto con el azúcar hasta obtener un almíbar. Añadir el vinagre, cocer unos instantes más y dejar enfriar.
3. Pelar los tomates y cortarlos en cuadraditos. Disponerlos en un bol junto con la ralladura de naranja y el perejil picado. Sazonar con una pizca de sal y aliñar con el aceite. Dejar macerar unos 10 minutos.
4. Mientras, tostar los piñones en una sartén antiadherente con una gota de aceite hasta que empiecen a tomar color. Cortar la mojama en lonchas muy finas.
5. Deshuesar las aceitunas y triturarlas con un poco de aceite hasta obtener un puré espeso.
6. Con ayuda de un aro metálico montar las ensaladas sobre los platos de servicio. Disponer primero una capa de dados de tomate, luego unas lonchitas de mojama y terminar con una capa de tomate. Espolvorear con los piñones picados y salsear el almíbar de naranja y unas gotas de puré de aceitunas negras. Servir enseguida.

La mojama se suele servir como aperitivo, regada con un buen aceite de oliva virgen extra y acompañada con tomate o con unas almendras tostadas.

esgarraet

esgarraet

para 4 personas

* 3 pimientos rojos * 2 lomitos de bacalao inglés * 2 dientes de ajo * aceite de oliva

1. Untar ligeramente los pimientos con un hilo de aceite de oliva y asarlos en el horno precalentado a 200° C durante 50 minutos. Envolverlos en papel de aluminio y dejarlos entibiar. Luego, pelarlos, retirar el pedúnculo y las semillas del interior y cortarlos en tiras.
2. Disponer las tiras de pimiento asado en una ensaladera junto con los ajos cortados en láminas finas y los lomitos de bacalao desmigados. Remover, cubrir con aceite de oliva y tapar con papel film. Dejar reposar en la nevera durante unas horas.
3. Servir el *esgarraet* acompañado de pan tostado.

Si es posible, resulta conveniente asar los pimientos a la brasa. Así adquieren una deliciosa nota de sabor ahumado. El bacalao inglés es menos salado. Si se utiliza bacalao de distinta procedencia para realizar este plato es conveniente desalarlo ligeramente dejándolo en remojo.

espencat

para 4 personas

* 2 berenjenas * 1 pimiento rojo * 1 pimiento verde * 1 cebolla * 1 ajo * aceite de oliva

1. Disponer las berenjenas, los pimientos y la cebolla en una fuente de horno y asarlos en el horno precalentado a 200° C durante 50 minutos. Pasado este tiempo, retirar los pimentos y envolverlos en papel de aluminio. Continuar la cocción de la berenjena y la cebolla durante 20 minutos más.
2. Envolver la berenjena y la cebolla en papel de aluminio. Dejar que todas la hortalizas asadas se enfríen y luego, pelarlas y cortarlas en tiras.
3. Disponer las tiras de verduras asadas en una fuente y añadir el ajo picado muy fino. Agregar abundante aceite de oliva virgen extra y dejarlas reposar en la nevera durante unas horas antes de servir.

Este plato suele confundirse con el *esgarraet*. Tiene muchas variantes locales. En muchos casos se prescinde del pimiento verde y de la cebolla y en otros casos, sin embargo, se le añade tomate asado.

Puede servirse con anchoas, con tiras de capellán, bacalao, mojama o con rodajas finas de pulpo seco. También suele añadirse huevo duro picado o alcaparras.

mullador de sangatxo
mullador de sangatxo

para 4 personas

* 400 g de *sangatxo* * 4 tomates * 1 berenjena * 2 pimientos rojos * 1 pimiento verde * 2 patatas * 1 cucharadita de pimentón * 2 dientes de ajo * un puñado de almendras * 1 rebanada de pan * aceite de oliva * sal

1. Dejar en remojo el *sangatxo* durante unas 4 ó 5 horas en agua tibia, cambiándola varias veces para que quede bien desalado. Escurrirlo y secarlo con papel absorbente.
2. Practicar un corte en cruz en la base de los tomates, escaldarlos durante 2 minutos en una cazuela con agua hirviendo. Pelarlos y trocearlos. Pelar las patatas y cortarlas en trozos de unos 2 cm. Lavar los pimientos, secarlos y cortarlos en cuadraditos del mismo tamaño. Lavar la berenjena y cortarla en cuadrados del mismo tamaño que los pimientos.
3. Calentar cuatro cucharadas de aceite en una cazuela y rehogar ligeramente el *sangatxo*. Escurrirlo y reservarlo.
4. En el mismo aceite sofreír los ajos pelados, las almendras y el pan troceado. Cuando empiecen a tomar color, retirarlos y majarlos en el mortero o en el vaso de la batidora.
5. En el mismo aceite, rehogar los pimientos y la berenjena durante 10 minutos. Añadir el tomate picado y rehogar 5 minutos más. Sazonar con pimentón y cubrir con agua hirviendo. Añadir las patatas y el majado y llevar a ebullición. Bajar la intensidad del fuego y cocer a fuego lento durante 30 minutos, removiendo a menudo.
6. Cuando falten 10 minutos para finalizar la cocción, añadir de nuevo el *sangatxo*. Antes de servir, rectificar el punto de sal.

El *sangatxo* se obtiene de una parte del atún, pegada a las espinas, donde se deposita la sangre coagulada del pescado, de ahí su color oscuro. Al igual que el *bull* se utiliza en numerosos guisos y recetas de carácter popular. Esta receta, típica de la Marina Alta de Alicante, también recibe el nombre de *tomacat* o "fritanga".

pericana
pericana

para 4 personas

* 4 pimientos rojos secos * 100 g de capellán o bacalao salado * 3 dientes de ajo * aceite de oliva virgen extra

1. En una sartén con bastante aceite bien caliente, rehogar los pimientos secos hasta que empiecen a tomar color. Dejarlos enfriar y desmenuzarlos.
2. Asar los ajos en una sartén o sobre la llama del hornillo y cortarlos en láminas. Rehogar también el bacalao o el capellán (o asarlos sobre unas brasas) y trocearlo.
3. En una fuente de servicio mezclar todos los ingredientes preparados. Añadir el aceite en el que se han rehogado los pimientos y dejar reposar un mínimo de 30 minutos para que los pimientos se rehidraten.
4. Servir la pericana como aperitivo con unas tostadas.

Los pimientos secos pueden asarse en el horno. Pueden añadirse ñoras, tomates secos y una pizca de pimentón. Otras variantes de esta receta son la "*pericana* fresca" (con tiras de pimiento asado) y la "pericana en ensalada", con tomate y cebolleta picados. En Elche se conoce a este plato como *pipes i carasses*.

olla de la plana

olla de la plana

para 6 personas

* 250 g de alubias * 100 g de judías verdes * 250 g de col * 2 pencas de cardo * 4 hojas de acelga * 1 zanahoria * 1 nabo * 2 patatas * 1 cebolla * 2 tomates * 2 tacitas de arroz (opcional) * 3 ajos * azafrán * pimentón * aceite de oliva * sal

1. La víspera, dejar las alubias en remojo. Al día siguiente, disponerlas en una cazuela grande, cubrirlas con abundante agua y llevar a ebullición. Cortar tres veces el hervor añadiendo agua fría y retirar la espuma que se forme en la superficie.
2. Cocer las alubias durante 1 hora y 30 minutos o hasta que estén tiernas.
3. Añadir a la olla todas las verduras lavadas, peladas y cortadas en dados. Cocer a fuego lento durante 15 minutos más. Sazonar con un poco de sal y con unas hebras de azafrán. Añadir el arroz, si se desea, y cocer 15 minutos más.
4. Rehogar la cebolla picada en una sartén con tres cucharadas de aceite hasta que empiece a dorarse. Añadir los ajos picados, los tomates rallados y el pimentón, remover y retirar del fuego.
5. Añadir este refrito a la olla y cocer todo junto durante 5 minutos más. Dejar reposar unos minutos y servir.

Este popular guiso castellonense puede elaborarse también con garbanzos y con otras hortalizas de temporada, como calabaza o chirivías.

putxero de polp
puchero de pulpo

para 6 personas

* 1,5 kg de pulpo ya limpio * 250 g de alubias o garbanzos remojados la víspera * 150 g de tocino fresco blanco * 2 *blanquets* * 1 apio * 1 puerro * 1 nabo * 1 chirivía * 2 zanahorias * 4 pencas muy tiernas * ¼ de col * 4 patatas * 1 tomate * 1 cebolla * 1 cucharadita de pimentón * un puñadito de almendras picadas * 1 cabeza de ajos * azafrán * 300 g de arroz * aceite de oliva * sal

para el relleno:

* 200 g de carne de cerdo picada * 200 g de carne de ternera picada * 1 higadito de pollo * 1 cucharada de piñones * 1 huevo * 2 cucharadas de pan rallado * 1 cucharadita de pimentón * ralladura de un limón

1. Preparar el relleno mezclando todos los ingredientes y rellenar las cabezas de los pulpos. Coserlas para que no revienten.
2. Calentar tres cucharadas de aceite en un caldero de hierro y rehogar los pulpos, el tomate pelado y troceado, las almendras y las cabezas de ajo. Rehogar todo junto unos minutos.
3. Cuando el pulpo empiece a tomar color, añadir las alubias y verter 6 litros de agua fría (ponerla caliente si se utilizan garbanzos). Añadir el tocino, los *blanquets* y el resto de las verduras peladas y troceadas (excepto la patata). Salpimentar, sazonar con el pimentón y el azafrán y cocer a fuego medio durante unas 2 horas o hasta que las judías estén tiernas. Añadir las patatas a media cocción.
4. Separar el caldo y utilizarlo para preparar un arroz en caldero o meloso. Servir el arroz caldoso de entrante y luego el pulpo con las legumbres y el resto de las verduras, todo presentado decorativamente en una fuente grande de servicio.

Este pantagruélico plato de los pescadores de Calpe se ha convertido en una seña de identidad de la gastronomía de Benissa y Moraira. En temporada puede añadirse boniato.

fideuá

para 6 personas

* 500 g de fideos del número 3 * 6 gambas * 6 cigalas * 1 sepia mediana * 150 g de tomate natural * 1,5 kg de morralla o pescado para caldo * 1 cucharada de pimentón * 1 ramita de perejil * 1 diente de ajo * azafrán * aceite de oliva * sal

1. Cubrir la morralla con abundante agua, añadir sal y dejar reducir durante 40 minutos hasta obtener un litro y medio de caldo de pescado. Tapar y dejar reposar.
2. Preparar una majada en el mortero con el diente de ajo, el perejil y unas hebras de azafrán.
3. Calentar unas cucharadas de aceite en una paella y dorar las cigalas y las gambas. Retirarlas y reservarlas.
4. En el mismo aceite, rehogar la sepia limpia y troceada. Añadir el pimentón, remover y agregar el tomate y el majado del mortero. Cocer unos minutos todo junto y verter el caldo caliente y una pizca de sal si fuese necesario.
5. Llevar a ebullición, bajar la intensidad del fuego y cocer durante 12 minutos a fuego lento. Cuando falten ocho minutos para el final de la cocción volver a colocar las cigalas y las gambas decorativamente sobre los fideos.
6. Retirar la paella del fuego y dejar reposar unos minutos para que los fideos acaben de absorber todo el caldo antes de servir.

Puede añadirse 400 g de rape cortado en daditos y un calamar troceado. Cuenta la historia que esta receta fue inventada por unos pescadores en alta mar al darse cuenta que habían olvidado el arroz para el caldero.

coques de mullador
cocas *de mullador*

para 9 cocas pequeñas

para la masa: * 500 g de harina * 25 g de levadura de panadero * 2 dl (1 vaso) de agua tibia * 1 dl (½ vaso) de aceite de oliva

para la guarnición: * ½ kg de tomates * 2 cebollas * 2 pimientos verdes * 2 pimientos rojos * 2 berenjenas * 18 anchoas * 1 cucharadita de pimentón dulce * aceite de oliva * sal

1. Para la masa: mezclar la harina en un lebrillo con la levadura desmenuzada, el aceite, el agua tibia y la sal. Amasar con los puños hasta obtener una masa homogénea. Ir rompiendo la masa y amasar de nuevo. Repetir esta operación hasta que la masa no se pegue a las paredes del lebrillo. Formar nueve bolas del tamaño de un limón, taparlas con un paño y dejarlas reposar durante 15-20 minutos.
2. Para el *mullador* de cebolla y tomate: limpiar la mitad de los tomates, pelarlos y trocearlos finamente. Pelar y picar la cebollas. Rehogar ambos ingredientes en una cazuela con unas cucharadas de aceite de oliva. Sazonar con una pizca de pimentón y sal. Dejar escurrir este sofrito en un colador para que suelte todo el líquido.
3. Para el *mullador* de pimiento y tomate: limpiar, pelar y cortar el resto de los tomates. Lavar y trocear los pimientos verdes. Dejar escurrir en crudo en un colador.
4. Para el *mullador* de pimientos rojos y berenjena: asar las hortalizas en el horno precalentado a 200° C durante 50 minutos los pimentos y 1 hora y 10 minutos las berenjenas. Envolver en papel de aluminio, dejar enfriar, pelar y cortar en tiras.
5. Disponer tres bolas de masa sobre una placa de horno ligeramente aceitada y aplanarlas con las yemas de los dedos hasta obtener tres pequeñas cocas planas. Repartir encima unas cucharadas de cada uno de los rellenos y disponer dos anchoas encima. Hornear las cocas a 200° C unos 20 minutos. Repetir la operación con el resto de los ingredientes hasta obtener nueve cocas.

Otros ingredientes típicos para el *mullador* son el atún en salazón, la melva, cebollas y guisantes, acelgas o espinacas con ajos...

coques a la calfor
cocas a la calfor

para 15 cocas

para la masa:

* 2 vasos de harina de trigo * 1 vaso de harina de maíz * 3'5 vasos de agua * 1 cebolla * un chorrito de aceite de oliva * una pizca de sal

para los rellenos:

* espinacas o acelgas cocidas y rehogadas con ajos, gambitas y bacalao * tomate frito, atún, anchoas y pimientos asados

1. Rallar finamente la cebolla y disponerla en una cazuela con la cantidad de agua indicada, un chorrito de aceite y una pizca de sal. Llevar a ebullición y cocer unos minutos, hasta que la cebolla esté cocida.
2. Añadir de golpe los dos tipos de harina y mezclar de forma enérgica con ayuda de una espátula para deshacer todos los grumos que se vayan formando.
3. Calentar agua en una cazuela más grande, retirarla del fuego y disponer en ella la cazuela con la masa como si fuera un baño maría para que la masa esté caliente mientras la trabajamos.
4. Retirar la masa de la olla cuando se obtenga una bola que se despega de las paredes del cazo, disponerla en un plato con un hilo de aceite e ir formando bolitas de masa por tandas.
5. Aplastar las bolitas con un objeto plano para obtener tortitas y reservarlas en un recipiente entre hojas de papel film o papel de horno.
6. Calentar una gota de aceite o de manteca de cerdo en una sartén y freír las cocas por los dos lados. Servirlas enseguida acompañadas con los rellenos indicados.

Estas cocas son típicas de la comarca de la Safor. Muchas familias de las zonas de Gandía, Oliva, Rotova y Bellreguard utilizan un molde pesado de madera con forma circular, fabricado especialmente por los carpinteros locales para dar forma a las cocas más fácilmente.

borreta de melva amb espinacs

borreta de melva con espinacas

para 4 personas

* 300 g de melva en salazón * 150 g de espinacas * 2 tomates secos * 1 cebolla * 2 patatas * 1 cabeza de ajos * 1 cucharada sopera de harina * 1 cucharadita de pimentón * 1 ramita de perejil * aceite de oliva * sal

1. Dejar la melva en remojo durante 4 horas cambiando el agua varias veces. Luego, hervirla durante 10 minutos y refrescarla con agua y hielo. Escurrirla y trocearla.
2. Rehogar a fuego lento la cabeza de ajos en una cazuela con tres cucharadas de aceite. Añadir las patatas cortadas en rodajas y los tomates secos, previamente rehidratados en agua. Rehogar unos minutos, cubrir escasamente con agua y agregar las espinacas y el perejil picado.
3. Diluir la harina en medio vaso de agua y verterla sobre el guiso. Añadir la melva troceada y el pimentón. Cocer todo junto a fuego lento durante unos 10 minutos. Rectificar de sal si fuese necesario y servir.

Existen numerosas variantes locales de este plato, muy popular en el sur de Valencia y en las comarcas alicantinas. Puede sustituirse el pimentón por ñoras y añadirse bacalao, sepia, tomate picado, cebolla, alcachofas u otras verduras.

Es muy típico cascar un huevo para que se cueza en el caldo en los últimos minutos.

giraboix
giraboix

para 4 personas

* 200 g de bacalao * 1 cebollas * 4 patatas * 150 g de judías verdes * 350 g de pencas de acelgas * 1 *blanquet* * 1 morcilla * 4 rebanadas de pan moreno * 2 dl de aceite de oliva * 1 yema * 1 diente de ajo * 4 huevos duros * 1 tomate maduro * 1 ñora * sal

1. Dejar el bacalao en remojo el tiempo que sea necesario según su grosor, cambiando el agua varias veces.
2. Preparar el alioli de la forma tradicional en un mortero con una yema, vertiendo el aceite en hilo o con ayuda de la batidora eléctrica.
3. Poner a hervir las pencas con las judías, la cebolla, el bacalao, la morcilla, el *blanquet* y el tomate. Llevar a ebullición y, pasados 10 minutos, añadir la patatas peladas y cortadas en trozos grandes. Cocer a fuego medio durante 20 minutos más.
4. Escurrir el caldo y retirar la morcilla, el *blanquet*, la ñora y el tomate. Cortarlo todo en trocitos y disponerlos en una cazuela aparte. Añadir los huevos duros también cortados en lonchitas muy finas y mezclar. Agregar las rebanadas de pan moreno, tostadas y desmenuzadas. Sazonar con unas cucharadas de alioli al gusto y verter el caldo caliente.
5. Servir la sopa por un lado y el bacalao con las patatas, las pencas, las judías y la cebolla en una fuente aparte, ligeramente cubiertos con un poco de alioli.

Esta receta es típica de los pueblos de las zonas montañosas de Alicante, como Ibi, Tibi o Jijona. Un refrán popular reza *"Si la reina sabés que és giraboix, de Madrid vindria a llepar el boix"* ("Si la Reina conociese el *giraboix*, vendría de Madrid para lamer el mortero").
La sopa puede servirse también con el alioli aparte para que cada uno la aliñe a su gusto. También se preparan variantes con col, raya y gambitas o con pollo y conejo.

gamba amb bleda
camarones con acelgas

para 8 personas (como aperitivo)

* 300 g de acelgas * 200 g de gambitas de la marjal o camarones pequeños * 2 dientes de ajo * 1 cucharadita de pimentón * ½ vasito de vino blanco * aceite de oliva * sal

1. Lavar las acelgas bajo el chorro del grifo, escurrirlas y trocearlas. Ponerlas a cocer en una cazuela con agua hirviendo salada durante 20 minutos. Escurrirlas y reservar un vasito del agua de cocción.
2. Calentar tres cucharadas de aceite en una sartén con los ajos picados sin dejar que tomen color. Añadir las gambitas, remover y cocer un minuto. Luego, espolvorearlas con el pimentón y agregar las acelgas y un vasito del agua de cocción.
3. Cocer todo junto a fuego lento durante unos minutos hasta que se haya absorbido todo el agua. Rectificar de sal si fuese necesario y servir e nseguida como aperitivo, entrante o como relleno de las cocas *a la calfor.*

A pesar de lo que su nombre indica, este típico aperitivo de la comarca de la Safor no se prepara con gambas sino con las diminutas gambitas de río tradicionalmente procedentes de la marjal de Pego-Oliva.

olleta de músics
olleta de músicos

para 6 personas

* 250 g de alubias * 1 nabo * 250 g de pencas * 50 g de *freixura* (asadura de cerdo) * 50 g de panceta * 50 g de *coraeta* (corazón de cerdo) * 50 g de magro de cerdo * 50 g de costillas de cerdo * 2 morcillas de cebolla * 1 cebolla * 2 litros de agua * unas hebras de azafrán * una pizca de pimentón * unas hojitas de tomillo * aceite de oliva * pimienta negra recién molida * sal

1. La víspera, dejar las alubias en remojo cubiertas con agua. Limpiar las pencas y ponerlas a hervir en agua fría para blanquearlas y quitarles el amargor. En cuanto rompa el hervor, escurrirlas y reservarlas.
2. Rehogar la cebolla picada en una sartén con dos cucharadas de aceite hasta que esté transparente. Añadir una pizca de pimentón y reservar.
3. Llevar a ebullición las alubias en una cazuela con abundante agua. En cuanto arranque el hervor, retirar el agua y añadir las pencas y la cebolla rehogada. Cubrir de nuevo con dos litros de agua y añadir el nabo troceado y todas las carnes. Sazonar con sal, pimienta, azafrán y unas hojitas de tomillo y tapar.
4. Dejar cocer a fuego lento durante 2 horas, asustándolas con agua fría varias veces durante la cocción.

En algunos pueblos se añade arroz a la *olleta*. En Alcoy se dice que la auténtica *olleta* de *músics* no lo lleva, ya que era un plato con el que se obsequiaba a los músicos en las fiestas de Moros y Cristianos y se evitaba así que el arroz quedara demasiado pasado cuando lo comían al acabar de tocar.
Las morcillas deben quedar deshechas. Si se desea que queden más enteras deben añadirse en los últimos minutos.

pebreres farcides
pimientos rellenos

para 4 personas

* 8 pimientos rojos medianos * 400 g de arroz * 300 g de *fesols de careta* (judías verdes finas) * 125 g de *tonyina de tronc* (atún salado) * 2 tomates maduros * 1 ramita de perejil * ½ litro de caldo * 2 cucharadas de piñones * 3 dientes de ajo * ½ cucharadita de canela * unas hebras de azafrán * 125 ml de aceite de oliva * sal

1. La víspera, cortar el atún en daditos y dejarlos en remojo cubiertos con agua. Cambiar el agua varias veces.
2. Lavar los pimientos, secarlos y cortar la parte superior como si fuera una tapa. Retirar las semillas y salar el interior. Retirar los pedúnculos de las tapas y cortarlas en trocitos.
3. Pelar y picar los dientes de ajo. Rallar un tomate y cortar el otro en ocho rodajas. Lavar y picar finamente el perejil.
4. Calentar el aceite en una cazuela ancha y rehogar los trocitos de pimiento con los ajos picados hasta que empiecen ablandarse. Agregar el tomate rallado, remover y añadir el atún. Espolvorear con perejil y agregar los piñones. Sazonar con una pizca de canela, agregar las judías verdes troceadas y dejar cocer a fuego muy lento durante unos 10 minutos.
5. Agregar el azafrán y cubrir con medio litro de caldo. Llevar a ebullición y cocer durante unos 8 minutos. Agregar el arroz y cocer durante 2 minutos más (el arroz debe quedar casi crudo).
6. Rellenar los pimientos con la preparación y taparlos con una rodaja de tomate sazonada con sal. Cubrir la fuente con papel de horno muy mojado y hornear a 250° C durante 1 hora y 30 minutos. Bajar la temperatura a 170° C y cocerlos durante 30 minutos más.

Conviene escoger pimientos rojos de tamaño mediano que sean rectos para poder rellenarlos fácilmente. Esta elaboración es típica de Oliva, en la comarca de La Safor, pero existen numerosas variantes. También se les llama *bajoques farcides*.

para 8 personas

* 400 g de morcillo de ternera * 250 g de gallina * 150 g de pie de cerdo * 100 g de tocino fresco * 1 hueso de caña con tuétano * 1 hueso de jamón * 2 *blanquets* * 2 chorizos * 2 morcillas de cebolla * 100 g de costilla de cerdo * 250 g de garbanzos ya remojados * 2 patatas * 1 boniato * 150 g de pencas * 1 nabo * 1 zanahoria * 1 chirivía * 1 puerro * 1 rama de apio * unas hebras de azafrán * 150 g de fideos para la sopa * sal

para las *pilotes*:

* 250 g de carne de cerdo picada * 250 g de carne de ternera picada * 2 huevos * 100 g de higadillos de pollo * 1 ramita de perejil * 4 rebanadas de pan remojadas en leche * Una pizca de canela, clavo, nuez moscada y pimienta * ralladura de 1 limón * 50 g de manteca de cerdo * clara de huevo para rebozar * sal

1. Preparar las *pilotes* (albóndigas) amasando todos los ingredientes bien picados. Con las manos humedecidas, formar albóndigas gruesas de forma ovalada. Rebozarlas en clara de huevo.
2. En una olla grande de paredes altas introducir todas las carnes y los garbanzos dentro de una bolsa de malla. Cubrir generosamente con agua, sazonar con sal y azafrán y llevar a ebullición. Espumar el caldo varias veces y dejar cocer a fuego lento. Al cabo de una hora, añadir todas las verduras limpias y troceadas. Cocer una hora y 30 minutos más. Cuando falten 20 minutos para terminar la cocción, añadir las *pilotes*.
3. Colar parte del caldo y hervirlo con fideos finos para preparar la sopa. Servir primero la sopa, luego una fuente con las *pilotes* cocidas y, finalmente, las carnes, los garbanzos y las verduras.

Se pueden preparar *pilotes* saladas y *pilotes* dulces. Sazonar las segundas con azúcar, canela, nuez moscada y ralladura de limón.

03

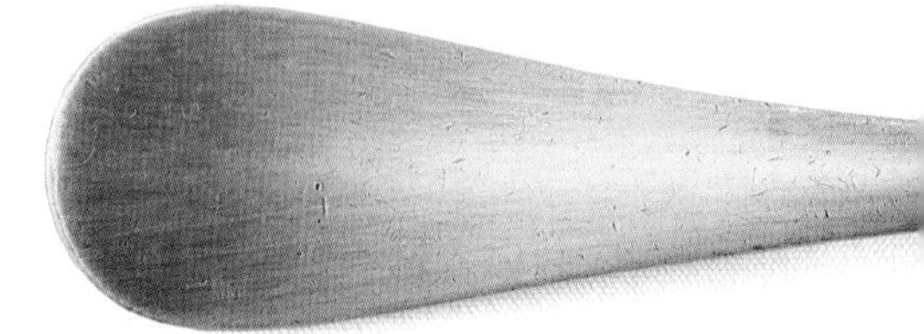

recetas de segundos

all i pebre d'anguiles
all i pebre de anguilas

para 4 personas

* 1 kg de anguilas troceadas * 5 patatas medianas * 1 guindilla * 1 cabeza de ajos * 1 cucharada de pimentón * 100 ml de aceite * 1 hoja de laurel * 2 rebanadas de pan * un puñado de almendras o piñones * 1 ramita de perejil * pimienta * sal

1. Pelar y trocear las patatas. Aplastar ligeramente los ajos sin pelarlos.
2. Calentar el aceite en una cazuela y sofreír las rebanadas de pan hasta que se doren. Retirarlas y reservarlas. Añadir los ajos y retirar la cazuela del fuego. Dejar que los ajos se rehoguen unos instantes en el aceite caliente sin dejar que tomen color y volver a poner la cazuela al fuego.
3. Agregar el pimentón y la hoja de laurel, mojar con un vaso de agua y añadir las patatas y las anguilas troceadas. Cubrir con agua, salpimentar y agregar la guindilla. Dejar cocer a fuego fuerte durante unos 25 minutos, añadiendo un poco más de agua si fuese necesario.
4. Preparar una ajada en el mortero majando las almendras con el pan frito, un par de ajos y un poco de perejil. Añadirla al *all i pebre* a media cocción. Servir bien caliente.

Las patatas deben cortarse a cachelos o escachadas, es decir, arrancando el último trozo para que así suelten más almidón y espesen el caldo. Si se desea, se puede añadir una pizca de canela. La variante con pollo se conoce con el nombre de *espardenyà*.

Esta receta, típica de la albufera, sirve también para preparar toda clase de pescados.

blanquillo de rap
blanquillo de rape

para 4 personas

* 650 g de rape * 2 patatas * 1 nabo * 150 g de pencas * 150 g de judías verdes planas * 1 zanahoria * 1 hoja de laurel * 1 ramita de perejil * 2 dientes de ajo * 2 ñoras * 1 tomate grande * aceite de oliva * sal

para el alioli:

* 2 dl de aceite de oliva * 1 huevo * 1 diente de ajo * 1 cucharada de zumo de limón * una pizca de sal

1. Pelar las patatas y las zanahorias. Lavar las pencas y las judías verdes. Trocear todas las verduras. Lavar el perejil, secarlo y picarlo finamente. Limpiar el rape, cortarlo en trozos o rodajas y salpimentarlo.
2. Preparar un alioli batiendo todos los ingredientes en el vaso de la batidora hasta obtener una salsa ligada. (También puede hacerse de la forma tradicional majando en un mortero los ajos con una pizca de sal e ir añadiendo el aceite en hilo).
3. Calentar tres cucharadas de aceite en una cazuela y dorar las ñoras. Añadir los ajos restantes ligeramente aplastados. Retirar las ñoras, picarlas en un mortero y agregarlas de nuevo. Añadir el tomate, pelado y picado, y el perejil y rehogar unos minutos.
4. Agregar todas las verduras a la cazuela, rehogar unos instantes y cubrir con un litro de agua o caldo de pescado. Añadir una hoja de laurel, salpimentar y llevar a ebullición. Bajar la intensidad del fuego y dejar cocer durante unos 15 minutos.
5. Incorporar las rodajas de rape y dejar cocer todo junto durante 10 minutos más. Desleír dos cucharadas del alioli en un vaso del caldo de cocción y añadirlo a la cazuela en el último momento. Servir enseguida bien caliente.

Este guiso marinero es típico de los pueblos de la costa del sur de Alicante y la isla de Tabarca.
Puede prepararse con cualquier otro pescado.

caldereta de llobarro

caldereta de lubina

para 4 personas

* 900 g de lubina * 4 gambas grandes * 250 g de mejillones * 200 g de almejas * 2 tomates * 1 cebolla * 2 patatas * 1 pimiento rojo * 3 dientes de ajo * 1 yema de huevo cocida * 1 cucharadita de pimentón * 1 litro de caldo de pescado * 1 ramita de perejil * aceite de oliva * pimienta * sal

1. Dejar las almejas en remojo en un bol con agua y abundante sal durante un mínimo de 6 horas para que suelten toda la arena que puedan contener. Limpiar los mejillones y retirarles los hilos laterales. Limpiar la lubina, retirar las escamas y las vísceras y trocearlas.
2. Lavar los tomates, pelarlos y picarlos. Pelar y picar la cebolla y los dientes de ajo. Lavar el pimiento y cortarlo en cuadraditos. Pelar las patatas y cortarlas en rodajas. Lavar el perejil y picarlo finamente.
3. Calentar tres cucharadas de aceite en una cazuela y rehogar la cebolla a fuego muy lento durante 10 minutos. Añadir dos ajos picados y el pimiento rojo, cocer 2 minutos más y agregar el tomate picado. Salpimentar, espolvorear con el pimentón y dejar cocer a fuego muy lento durante 5 minutos más.
4. Pasado este tiempo, añadir las patatas y cubrir con el caldo de pescado caliente. Llevar a ebullición y cocer 10 minutos. Añadir el pescado y cocer 5 minutos más.
5. Preparar una ajada en el mortero con el ajo picado restante, la yema de huevo y el perejil. Añadirla a la cazuela y remover. Agregar los mejillones, las almejas y las gambas y cocer todo junto durante 3-4 minutos más. Servir enseguida.

Este plato suele prepararse también con lecha o con otros pescados de carne firme y sabrosa.

cruet de congre i verdures
cruet de congrio y verduras

para 4 personas

* 750 g de congrio en rodajas u otros pescados * 2 patatas * 1 tomate * 1 cebolla * 2 alcachofas * 100 g de guisantes * 100 g de habas * 1 ramita de perejil * 1 zanahoria * 2 dientes de ajo * 1 limón * aceite de oliva * pimienta * sal

1. Pelar las patatas y cortarlas en rodajas finas. Pelar las zanahorias y cortarlas en láminas. Pelar la cebolla y cortarla en rodajas. Desgranar las habas y los guisantes. Limpiar las alcachofas, cortarlas a cuartos y rociarlas con el zumo de limón para que no ennegrezcan. Pelar y picar el tomate.
2. Calentar tres cucharadas de aceite en una cazuela y añadir las patatas en rodajas, la cebolla en lonchas, las alcachofas en cuartos, el tomate picado, las zanahorias en láminas, las habas y los guisantes.
3. Añadir el congrio, salpimentar y espolvorear con abundante perejil picado. Cubrir ligeramente con agua o caldo y dejar cocer durante unos 15 minutos hasta que las verduras hayan absorbido prácticamente la totalidad del caldo.
4. Preparar un majado en el mortero con los dientes de ajo y perejil y añadirlo a la cazuela cuando falten 5 minutos para terminar la cocción. Servir enseguida.

Cruet o *cru* significa “crudo”, ya que todos los ingredientes de la receta se añaden a la cazuela en crudo. Esta misma receta puede prepararse también en el horno calculando unos 25 minutos a 180° C.

Como típico plato de aprovechamiento de pescadores, el *cruet* admite variaciones con infinidad de pescados de la calidad más diversa y con otras verduras de temporada.

llandeta de molls
llandeta de salmonetes

para 4 personas

* 800 g de salmonetes * 3 patatas * 2 tomates * 2 cebollas * 2 cucharadas de piñones * 3 dientes de ajo * 1 vaso de agua * 1 ramita de perejil * 1 guindilla * 1 cucharadita de pimentón * 6 cucharadas de aceite de oliva * sal

1. Pelar las patatas y cortarlas en rodajas. Pelar la cebolla y cortarla en lonchas finas. Pelar los ajos y cortarlos en láminas. Limpiar los salmonetes retirando las escamas y las vísceras y salpimentarlos. 2. Cubrir el fondo de una cazuela o una fuente de horno con las rodajas de patatas. Salpimentar y añadir encima las cebollas, la guindilla, los ajos en láminas, el tomate en rodajas y los piñones. Salpimentar de nuevo y añadir encima los salmonetes. Espolvorear con el pimentón y el perejil picado. 3. Verter el agua y el aceite y cocer a fuego muy lento durante 25 minutos, regando de vez en cuando los pescados con el líquido de cocción para que no se resequen. Servir bien caliente.

Para preparar este plato en mayores cantidades es aconsejable utilizar el horno, asando primero las verduras durante unos 20 minutos. Añadir luego el pescado y hornear unos 15 minutos más.

La *llandeta* puede prepararse con otros pescados como pescadilla, sepia, congrio, cangrejos, cintas...

polp amb penques

pulpo con pencas

para 4 personas

* 1 kg de pulpo ya limpio * 3 pencas de cardo tiernas * 450 g de patatas * 1 cebolla * 1 tomate * 8 almendras * 1 rebanada de pan * 2 dientes de ajo * 1 ramita de perejil * 1 cucharadita de pimentón * 1 dl de vino tinto * 1 hoja de laurel * 1 limón * aceite de oliva * pimienta * sal

1. Trocear el pan y freírlo en una sartén con unas cucharadas de aceite bien caliente junto con las almendras. Majar el pan, las almendras, unas hojas de perejil y un diente de ajo en un mortero.
2. Cocer el pulpo en una cazuela con abundante agua hirviendo salada, una hoja de laurel y el vino tinto durante 40 minutos. Escurrirlo, trocearlo y reservarlo. Reservar también el caldo de cocción.
3. Limpiar las pencas, retirar los hilos y trocearlas. Ponerlas a cocer en una cazuela con agua hirviendo y unas gotas de zumo de limón durante 45 minutos. Escurrirlas y refrescarlas con agua y hielo para parar la cocción.
4. Rehogar la cebolla picada en una cazuela con tres cucharadas de aceite hasta que esté transparente. Añadir el ajo restante picado y el tomate, pelado y troceado. Salpimentar y cocer durante 5 minutos más.
5. Agregar a la cazuela las patatas peladas y troceadas, el pulpo y las pencas. Sazonar con el pimentón, cubrir con el agua de cocción del pulpo y cocer a fuego lento durante 30 minutos o hasta que las patatas estén tiernas. Cuando falten 10 minutos para el final de la cocción, añadir el majado del mortero. Servir bien caliente.

Esta receta es típica de la cocina marinera alicantina. Para darle un toque de dulzor al guiso puede añadirse una oncita de chocolate. Para que el pulpo quede tierno es conveniente congelarlo y volver a descongelarlo. De esta forma, se rompen las fibras de su carne.

para 4 personas

* 250 g de hígado de cerdo * 250 g de magro de cerdo * 1 ramita de perejil * redaños de cerdo * 2 cucharadas de piñones * 1 ramita de perejil * ½ cucharadita de clavo * ¼ de cucharadita de canela * ¼ de cucharadita de nuez moscada * pimienta negra recién molida * sal

1. Picar bien las dos carnes. Lavar el perejil, secarlo y picarlo finamente. Mezclar las carnes en un cuenco grande y añadir el perejil picado. Salpimentar y sazonar con clavo, canela y nuez moscada. Remover bien hasta que quede todo bien mezclado.
2. Con las manos humedecidas, formar albóndigas ligeramente aplastadas. Extender el redaño sobre una superficie de trabajo y disponer las albóndigas encima, separadas entre sí. Cortar el redaño y envolver las albóndigas.
3. Luego, aplastarlas de forma que queden como pequeñas hamburguesas o filetes rusos. Asarlas en una plancha con unas gotas de aceite o en una parrilla y servirlas enseguida.

Esta receta es muy popular en las comarcas de la Safor, la Ribera Baja, la Marina Alta y l'Alcoià.

gaspatxo de conill i pollastre

gazpacho de conejo y pollo

para 4 personas

* 300 g de conejo troceado * 300 g de pollo troceado * 2 tomates * 1 cebolla * 1 ramita de *pebrella* (*Thymus piperella*) o tomillo * 1 hoja de laurel * 250 g de torta de gazpacho * 2 dientes de ajo * aceite de oliva * pimienta * sal

1. Salpimentar la carnes y ponerlas a cocer en una olla con abundante agua salada. Prolongar la cocción hasta que estén tiernas.
2. En una gazpachera (sartén ancha con mango largo) con cuatro cucharadas de aceite de oliva rehogar a fuego lento la cebolla picada hasta que esté transparente. Agregar los tomates y los ajos picados. Cocer durante 15 minutos más.
3. Deshuesar la carne de pollo y conejo y rehogarla en el sofrito. Salpimentar y cubrir con el caldo de cocción de las carnes. Agregar el laurel y la *pebrella* (o el tomillo) y cocer todo junto 10 minutos más.
4. Añadir la torta cortada de forma irregular y cocer otros 15 minutos, vigilando que la torta no se deshaga demasiado. El secreto del plato reside en encontrar el punto de cocción justo para que la torta esté blanda y jugosa y el caldo quede reducido y espeso.

Existen casi tantos gazpachos como cazadores. Las variantes son casi infinitas con todo tipo de carnes, tradicionalmente de caza y pluma, hierbas silvestres y setas de temporada. Pueden añadirse tiras de pimiento rojo y daditos de jamón.

La pebrella (*Thymus piperilla*) es una hierba silvestre típica de las montañas del norte de Alicante.

En muchas recetas se sofríen todos los ingredientes juntos y se prepara el caldo en la misma gazpachera.

tombet de corder amb caragols

tombet de cordero con caracoles

para 4 personas

* 800 g de cordero troceado * 2 docenas de caracoles * 1 cebolla * 1 tomate * 1 huevo duro * un puñado de almendras * 3 dientes de ajo * 1 vasito de vino blanco * 1 ramita de romero * 1 ramita de tomillo * perejil * ½ cucharadita de pimentón * azafrán * pimienta * sal

1. Sazonar los trozos de cordero con una pizca de pimentón, pimienta negra recién molida y un diente de ajo picado y dejarlos macerar en la nevera durante dos horas para que tomen sabor.
2. Limpiar los caracoles con agua y sal en varias aguas y ponerlos a cocer a fuego muy lento con abundante agua con una ramita de romero y de tomillo. En cuanto empiecen a salir de sus cáscaras, subir la intensidad del fuego para que el agua hierva enseguida. Cocerlos durante 45 minutos y escurrirlos.
3. Preparar una ajada en el mortero majando las almendras con la yema de huevo, el azafrán, perejil y un diente de ajo.
4. Rehogar la cebolla en una cazuela de barro con dos cucharadas de aceite hasta que esté transparente. Añadir un diente de ajo picado, el tomate pelado y troceado y los trozos de cordero. Salpimentar, subir la intensidad del fuego e ir removiendo la cazuela a menudo para que no se pegue. Cuando la carne esté dorada, añadir el vasito de vino y dejar reducir unos instantes a fuego fuerte. Luego, bajar de nuevo la intensidad del fuego y dejar cocer a fuego muy lento.
5. Cuando la carne esté casi al punto, añadir los caracoles y la ajada. Cocer unos minutos todo junto y servir.

El *tombet* es típico de las comarcas de secano del interior de Castellón. Puede prepararse con cordero, cabrito, pollo o conejo. También son populares los *tombets* con habas, judías verdes y coliflor. Gozan de prestigio los *tombets* de Les Useres, Benassal, L'Alcora, Atzeneta, Figueroles…

La palabra *tombet* viene del verbo *tombar* (dar tumbos o zarandear) y hace alusión al movimiento de mover la cazuela para voltear los ingredientes y evitar que se peguen durante la cocción.

04

recetas de postres

arnadí de carabassa i moniato

arnadí de calabaza y boniato

para 12 personas:

* 800 g de boniato pelado * 1,7 kg de calabaza pelada * 300 g de almendra molida * 500 g de azúcar * 4 yemas * 8 cucharadas de pasas sin pepitas * ralladura de 2 limones * 1 palito de canela * 1 cucharadita de canela molida * una pizca de pimienta negra * almendras marconas y piñones para decorar

1. Pelar la calabaza y los boniatos, trocearlos y disponerlos en una olla a presión cubiertos hasta la mitad con agua junto con el palito de canela. Cocerlos durante 30 minutos desde que empiece a girar la válvula. Dejar enfriar, desechar las hebras de calabaza e introducirlo todo en una bolsa de tela o algodón. Dejarla colgada durante toda la noche para que escurra todo su líquido.
2. Pasado este tiempo, pasar ambos ingredientes por un pasapurés. Disponer la mezcla en una cazuela a fuego muy lento junto con el azúcar, la canela y la ralladura de limón, removiendo constantemente. Agregar la almendra molida y cocer 5 minutos más. Incorporar las cuatro yemas batidas y las pasas, previamente remojadas y escurridas, y mezclar.
3. Repartir esta masa en una cazuela de barro grande o en varios moldecitos individuales y darles forma de pirámide con ayuda de una espátula.
4. Precalentar el horno a 180° C. Decorar toda la superficie del arnadí clavando piñones y almendras decorativamente. Espolvorear la superficie con una mezcla de azúcar y canela. Hornearlo a 180° C durante 5 minutos. Bajar la temperatura del horno a 150° C y cocer durante 15 minutos más. Retirar el arnadí del horno y dejarlo enfriar antes de servir.

Existen numerosas variaciones de esta típica receta de Semana Santa. Un consejo importante: la bolsa de tela (*coixinera*) debe de lavarse con jabón neutro para que la calabaza no tome sabor.

bavaresa de torró de xixona i xocolata
bavaresa de turrón de jijona y chocolate

para 8 personas

* 1 tableta de turrón de Jijona * 300 ml de nata para montar * 250 g de chocolate fondant * 3 huevos + 3 yemas * 6 hojas de gelatina * 3 cucharadas de azúcar + 3 cucharadas para el caramelo

1. Dejar en remojo dos boles con tres hojas de gelatina en cada uno de ellos. Montar la nata. Calentar tres cucharadas de azúcar a fuego lento hasta obtener un caramelo y verterlo en el fondo de un molde para bavaresa.
2. Mousse de turrón de Jijona: trocear el turrón y triturarlo en el vaso de la batidora junto con las tres yemas. Escurrir tres gelatinas, trocearlas y deshacerlas en un cazo con tres cucharadas de agua caliente. Añadirlas al puré de turrón y remover. Agregar la mitad de la nata montada, mezclar cuidadosamente con movimientos envolventes y verter esta preparación en el molde caramelizado.
3. Mousse de chocolate: trocear el chocolate, fundirlo al baño maría y retirar del fuego. Escurrir las gelatinas restantes, trocearlas y deshacerlas en un cacito con unas cucharadas de agua caliente. Añadirlas al chocolate y remover para que queden bien mezcladas.
4. Separar las claras de las yemas de los tres huevos. Montar las claras con unas varillas. Batir las yemas con tres cucharadas de azúcar y mezclarlas con el chocolate fundido. Agregar la nata montada restante y añadir también las claras montadas con movimientos envolventes.
5. Verter la mousse de chocolate encima de la mousse de turrón y dejar reposar el molde en la nevera durante un mínimo de 6 horas para que cuaje.

La mousse de turrón de Jijona también resulta deliciosa sola. Una vez elaborada, se reparte en copitas y se deja cuajar en la nevera.

flaons de morella
flaons de morella

para 15 *flaons*

para la masa: * 250 ml de aceite de girasol * 1 dl de anís * 2 cucharadas de moscatel * 60 g de azúcar * 600 g de harina
para el relleno: * 100 g de requesón * 50 g de almendra molida * 1 huevo * 1 cucharadita de canela en polvo * 60 g de azúcar * 1 yema de huevo para pintar los flaons * azúcar para espolvorear * canela para espolvorear

1. Relleno: cascar el huevo y separar la clara de la yema. Montar las claras a punto de nieve. Pasar el requesón por un tamiz para que quede bien suelto. Mezclarlo con la yema y una pizca de canela. Añadir el azúcar y remover. Agregar la clara montada y reservar.
2. Para la masa: tamizar la harina en una superficie de trabajo y formar un volcán. Rellenar el hueco central con el anís, el moscatel, el aceite y el azúcar. Trabajar la masa hasta que todos los ingredientes estén integrados de forma homogénea. Formar una bola, envolverla en papel film y dejar reposar en la nevera durante 30 minutos.
3. Pasado este tiempo, extender la masa con ayuda de un rodillo y cortarla en círculos de unos 12 cm de diámetro con ayuda de un cortapastas.
4. Disponer una cucharada del relleno en un lado de los círculos, cerrarlos en forma de media luna y unir los bordes en forma de trenza.
5. Pincelar los flaons con yema de huevo batida, espolvorearlos con una mezcla de azúcar y canela y hornearlos a 180° C durante 15 minutos o hasta que estén dorados. Retirarlos del horno y espolvorearlos si se desea con más azúcar y canela. Dejarlos enfriar antes de servir.

Esta receta de origen árabe es el dulce más típico de la bella población de Morella y su comarca. Se preparaba con el *brull* o requesón, obtenido tras hervir y escurrir el suero sobrante de la elaboración de los quesos tradicionales de la zona.

pilotes de frare
pelotas de fraile

para 12 pelotas

* 300 g de harina * 250 ml de leche * 100 ml de aceite de girasol * 3 yemas de huevo * ralladura de 1 limón * 50 g de levadura de panadero * 2 cucharadas de azúcar * aceite de girasol

para la crema pastelera:

* 300 ml de leche * 3 yemas * 70 g de azúcar * 20 g de maicena * un trocito de piel de limón * 1 cucharadita de azúcar avainillado

1. Deshacer la levadura en la leche tibia. Agregar el aceite, las yemas, el azúcar y la ralladura de limón. Añadir la harina y amasar hasta formar una bola.
2. Con las manos humedecidas, tomar porciones de masa y formar doce bolitas. Dejarlas levar sobre un paño húmedo hasta que doblen su volumen.
3. Para la crema: llevar la leche a ebullición con un trocito de piel de limón. En cuanto rompa el hervor, retirar del fuego, tapar y dejar entibiar. Batir las yemas con el azúcar y el azúcar avainillado. Añadir la leche ya tibia sin dejar de remover. Reservar un poco de leche para deshacer la maicena. Calentar esta preparación a fuego muy suave. Agregar la maicena y cocer durante unos minutos hasta que tenga la consistencia de una crema espesa. Retirar del fuego y desechar la piel de limón. Dejar enfriar.
4. Freír las bolitas de masa en una sartén con abundante aceite de girasol caliente hasta que se doren (el aceite no debe estar demasiado caliente para que las bolitas no se doren demasiado deprisa y queden crudas por dentro). Escurrirlas sobre papel absorbente y dejarlas enfriar. Rellenarlas con la crema pastelera, espolvorearlas con azúcar y servir.

Esta deliciosa receta, auténtico pecado divino como su nombre indica, es típica de la repostería de Castellón.
Se puede sustituir el aceite de girasol por mantequilla.
Para que sea más fácil rellenarlas, pueden congelarse una vez fritas y frías.

rossegons o carquinyolis

rossegons o carquinyolis

* 350 g de harina * 200 g de almendras crudas sin pelar * 200 g de azúcar * 2 cucharaditas de levadura en polvo * 2 huevos + 1 yema * ralladura de ½ limón

1. Batir los huevos con el azúcar hasta que estén espumosos. Añadir la ralladura de limón y la levadura y mezclar. Añadir la harina en varias veces, removiendo hasta obtener una masa homogénea.
2. Añadir las almendras, mezclar y formar varias barritas del mismo tamaño, aproximadamente de unos 35 cm de largo × 5 de ancho.
3. Precalentar el horno a 170° C. Pincelar las barritas con la yema batida con una cucharada de agua y disponerlas en una fuente de horno sobre un papel parafinado ligeramente aceitado. Hornearlas a 170° C durante 20 minutos o hasta que tengan la consistencia suficiente para poder cortarlas con facilidad.
4. Retirarlas del horno, disponerlas sobre una superficie de trabajo y cortarlas al bies en rodajas de un grosor de 1,5 cm aproximadamente.
5. Disponer de nuevo las rebanaditas obtenidas en la placa del horno y hornearlas de nuevo durante unos 10 minutos más.

Existen numerosas recetas de este popular dulce. El secreto está en que la masa no lleve demasiada harina y cortarlos a media cocción, cuando aún no se han endurecido. Los minutos finales de cocción servirían para que queden tostados y crujientes.

figues albardades
higos albardados

* 500 g de higos secos * 350 g de harina (o la que admita) * 15 g de levadura prensada * 1 vaso de agua caliente * una pizca de sal * azúcar para rebozar * aceite de oliva para freír

1. Diluir la levadura en el agua caliente con una pizca de sal. Añadir la harina que admita hasta obtener una pasta gelatinosa, que no sea espesa. Tapar y dejar fermentar unos 45 minutos hasta que empiece a formar burbujas.
2. Mientras, preparar los higos retirándoles el pezón y abriéndolos por la mitad en forma de libro.
3. Tomar los higos abiertos de dos en dos, pasarlos por la masa y freírlos en una sartén con el aceite bien caliente hasta que estén dorados.
4. Dejarlos escurrir sobre papel absorbente y espolvorearlos con abundante azúcar antes de servirlos.

Para darles más sabor, los higos pueden dejarse macerar en algún licor, como brandy o moscatel.

panquemao a la taronja
panquemado a la naranja

5 unidades

* 600 g de harina * 130 g de azúcar * 25 g de levadura de panadero * ralladura de 1 naranja * 3 huevos + 1 huevo para pincelar * 40 ml de aceite de girasol * 75 ml de leche * 25 ml de anís dulce * una pizca de sal

1. Diluir la levadura en la leche tibia. Tamizar la harina en un cuenco grande, formar un volcán y añadir el resto de ingredientes. Amasar hasta conseguir una masa homogénea. Taparla con un paño y dejarla fermentar hasta que doble su volumen.
2. Aplanar la masa con las manos para retirar todos los gases. Luego, con las manos humedecidas, tomar porciones y formar cinco bolitas de unos 200 gramos. Disponerlas bien separadas entre sí en una bandeja de horno forrada con papel sulfurizado. Tapar con un paño y dejar que fermenten de nuevo durante 2 horas y 30 minutos.
3. Precalentar el horno a 180° C. Con ayuda de un cuchillo bien afilado, practicar un corte transversal en cada uno de los bollos. Pincelarlos con el huevo batido y espolvorearlos con abundante azúcar mojado con unas gotas de agua. Hornearlos a media altura a 180° C durante 25 minutos. Dejarlos enfriar encima de una rejilla antes de servir.

Puede sustituirse la leche por zumo de naranja. Esta receta, con sus numerosas variantes, es muy popular en Pascua. Cuando lleva un huevo cocido en el centro se conoce como mona de pascua. Preparaciones muy similares pueden recibir otros nombres según la zona: *panou, tonya, cóc, fogassa, pa socarrat*… Si la masa lleva nueces y pasas se les llama *reganyaes*.

almoixàvena

monjávena

para 8 personas

* 4 huevos * 100 g de harina * 80 ml de aceite de oliva * 240 ml de agua * 1 cucharada de azúcar * 1 cucharadita de manteca de cerdo * 1 cucharadita de canela en polvo

1. Calentar el agua con el aceite en una cazuela al fuego y, en cuanto rompa el hervor, añadir de golpe la harina. Retirar del fuego y mezclar hasta obtener una masa homogénea que se separe de las paredes del cazo.
2. Cuando la masa se haya entibiado, añadir los huevos de uno en uno y remover durante unos 10 minutos.
3. Precalentar el horno a 230° C. Engrasar ligeramente una placa o una bandeja de horno y disponer encima la masa de forma que quede bien fina, aproximadamente de 1 cm de grosor.
4. Repartir encima de la masa unos trocitos de manteca, espolvorearla ligeramente con azúcar y canela y hornear a 200° C durante unos 30 minutos, hasta que se haya hinchado y esté dorada.
5. Retirar del horno, dejar enfriar y espolvorear con más azúcar y canela antes de servir.

Típica de Ontiyent y de Xàtiva, esta receta recibe diferentes nombres como *monchovenes*, *monjàvenes* o *monxavinas*. Se suele tomar en Cuaresma y el día de Todos los Santos como acompañamiento del café o como merienda. Puede servirse con almíbar, chocolate fundido o miel y, si queda bien hinchada, puede abrirse cuidadosamente y rellenarse con una crema de leche condesada y yemas.

coca de castelló
coca de castellón

para 8 personas

* 180 g de almendra molida * 120 g de calabazate * 360 g de azúcar * 540 g de patata
* 4 huevos * 1 sobrecito de gaseosa azul o 1 de levadura en polvo * ralladura de ½ limón
* una pizca de canela

1. Precalentar el horno a 170° C. Pelar las patatas y cocerlas en una cazuela con agua hirviendo durante 30 minutos, escurrirlas y pasarlas por el pasapurés. Mezclar el puré obtenido con la mitad del azúcar.
2. Cascar los huevos y separar las yemas de las claras. Con ayuda de unas varillas montar las claras a punto de nieve con el resto del azúcar.
3. Batir las yemas y mezclarlas con las claras montadas. Agregar la almendra molida, la ralladura de limón, la gaseosa azul, el calabazate rallado y el puré de patata.
4. Forrar una placa de horno con papel parafinado y extender encima la masa. Hornearla durante 15 minutos a 170° C, bajar la temperatura a 120° C y continuar la cocción durante 15-20 minutos más o hasta que al pincharla con una aguja, ésta salga limpia.
5. Dejar enfriar la coca y espolvorearla con azúcar glas antes de servirla.

Esta coca de origen humilde también se conoce popularmente como coca de *creïlla* (coca de patata).

coca celestial

coca celestial

para 8 personas

* 300 g de almendra molida * 300 g de azúcar * 200 g de calabazate * 3 claras * 4 yemas
* nueces, guindas y frutas confitadas para decorar * 1 oblea de *neula* (pan de ángel)

1. Precalentar el horno a 180° C. Rallar el calabazate y mezclarlo con las tres yemas.
2. Con ayuda de unas varillas batir las claras a punto de nieve. Agregar el azúcar y seguir batiendo hasta obtener un merengue. Añadir la almendra molida y seguir batiendo hasta que quede bien mezclada. Dividir la masa en dos partes.
3. Extender la primera parte de la masa cuidadosamente encima de una oblea y repartir encima la preparación de calabazate.
4. Cubrir con el resto de la masa y pincelar la superficie con la yema restante. Decorar la coca al gusto con rectángulos de frutas confitadas, guindas y nueces.
5. Hornear a 180° C durante 20 minutos vigilando que no se queme. Dejar enfriar encima de una rejilla y servir.

Esta deliciosa coca era muy popular en las mesas de Navidad en los pueblos del norte de Castellón. También se prepara en algunas comarcas valencianas.

glosario

All i pebre Preparación tradicional a base de ajo y pimentón, espesada con pan o almendras majadas. El más típico es el que se prepara con anguilas de la Albufera.
Aladroc Boquerón o anchoa (*Engraulis encrasicolus*).
Blat picat o forment picat Trigo picado. Laborioso guiso tradicional a base de trigo, previamente remojado.
Bajoques Judías verdes. En algunas comarcas se denominan *bajoques* a los pimientos (son muy populares las *bajoques o pimentons farcits*, pimientos rellenos).
Borra Plato popular a base de bacalao o melva (también con atún o sepia), patatas, espinacas, aceite, pimientos, secos, ajos, pimentón y sal. Suele servirse con huevos escalfados. En las versiones conocidas como *borretas* suelen llevar menos ingredientes.
Brull Requesón.
Caragolada o caragolà Comida festiva de carácter lúdico a base de caracoles.
Casca Dulce circular a base de mazapán que puede rellenarse con yema, boniato o calabaza. Solía tomarse en la festividad de Reyes antes de que se impusiera el roscón.
Cassoleta Cazuelita. Hace referencia a la forma de los moldes que se utilizan para dar forma a los quesos.
Creïlla Patata.
Crespells Nombre genérico que designa a diversos tipos de dulces elaborados en distintas comarcas.
Espencar Desmigar, desmenuzar.
Fanguejat Fangueo. Operación agrícola consistente en desmenuzar la tierra de cultivo de los arrozales, previamente inundada a bajo nivel, con ayuda de una draga o una jaula adosada a la parte trasera de los tractores para poder realizar el abonado y la siembra.
Farinetes Gachas.
Fartons Bollos de azúcar de forma alargada, cubiertos con glaseado de azúcar, para acompañar la horchata.

Figatells Albóndigas ovaladas a base de magro, hígado y riñones de cerdo picados, aromatizados con especias y envueltos en una telilla o randa.
Flaons Pastelitos en forma de empanadillas que se rellenan con requesón.
Garreta Morcillo, jarrete.
Llanda (o llauna) Recipiente metálico, bajo y plano para la cocción al horno.
Marjal En agricultura, campo o parcela cultivada con arroz. Geológicamente se define como un terreno de humedales cercano al mar.
Minxos Pequeñas cocas de trigo y maíz, generalmente alargadas. Pueden llevar cacahuete molido.
Pebrella Piperela (*thymus pyperella*). Hierba aromática.
Pebreres Pimientos (también *pimentóns, pebres, pebrots, bajoques*).
Pericana Plato típico de la montaña alicantina que se tomaba en invierno, generalmente durante la recogida de la aceituna para probar la calidad del aceite.
Porquejà o matança Matanza del cerdo.
Sèquia Acequia, canal de riego. En el caso de la marjal, las acequias afluyen radialmente hacia la Albufera y reciben todas las aguas sobrantes que provienen de los ríos Júcar y Turia.
Salmorreta Salsa alicantina a base de ñoras, ajo, perejil, vinagre y tomate asado.
Tombet Receta típica de las comarcas montañosas de Castellón. Los ingredientes se van volteando con el suave vaivén que se imprime a una cazuela de asas.
Txulles Chuletas.
Riu rau Construcción rural con porches, típica de la Marina Alta alicantina, cuya función era proteger de la humedad y la lluvia los cañizos en los que se secaban las pasas.
Vaquetes Caracoles de monte.

bibliografía

Canut, Enric; Monné, Toni: *Quesos y paisajes*. Ed. Udyat. Barcelona. 2008

Carceller, Alicia: *Menjar i viure a Morella.* Ed. Empúries. Barcelona 1991

Dacosta, Quique: *Arroces contemporáneos*. Montagud Editores. Barcelona. 2005

Domínguez, Martí: *Els nostres menjars.* Vicent García Editores. Valencia. 1979

Font i Bel, Àngels: *La cuina de Sant Mateu. Maestrat ahir, avui i sempre.* lacuinadesantmateu.cat. 2011

Luján, Néstor; Perucho, Joan: *El libro de la cocina española*. Ed. Danae. Barcelona. 1970

Llorca, Carlos; Ruiz, Ángeles: *Gastroguía de la Costa Blanca.* Patronato Provincial de Turismo de la Costa Blanca. Diputación de Alicante. Alicante, 1999

Llorca, Carlos; De Diego, Pau; Ruiz, Ángeles: *Vademécum de cocina de la Marina Baixa*. Agència Valenciana del Turismo. Valencia. 1997

Martínez, Manuel M.: *Historia de la gastronomía española*. Ed. Alianza. Madrid.1989.

Millo, Lorenzo: *Cocina Valenciana*. Ed. Everest. León. 1995

Piera, Emili: *La cocina valenciana*. Algar editorial. Alzira. 2002

Seijoo Alonso, Francisco G.: *Gastronomía de la provincia de Alicante.* Ed. Villa. Alicante. 1974

Seijoo Alonso, Francisco G.: *Gastronomía de la provincia de Valencia.* Ed. Villa. Alicante. 1977

Tortosa, Paco; Prósper, Pepa. *L'Albufera. Guia de descoberta del Parc Natural.* Publicacions de la Universitat de València. Valencia. 2007

Vázquez Montalbán, Manuel: *La cocina de los mediterráneos. Viaje por las cazuelas de Cataluña, Valencia y Baleares.* Ed. Zeta. Barcelona. 2002

Vergara, Antonio; VV.AA.: *Anuario de la cocina de la Comunitat Valenciana*. Editorial Prensa Valenciana.

Watson, Jeremy: *Vinos de España*. Montagud Editores. Barcelona. 2002

índice de recetas

agradecimientos

Pablo Martí de Veses, Reme Benavent, Dani Boix, Dolors Amat, Flavia Silva, Oriol Casanovas, agricultores y cooperativa Salsadella, Restaurante La Pepica, Jorge Llorach (www.alcachofabenicarlo.com), Coop. Agrícola San Isidro de Benicarló, Vicent Peris, Antonio Albiol (Cofradía de Pescadores San Pedro de Vinaroz), Miquel Vives (www.quesosdecati.com), Demetrio Ferrando y familia (www.demetriotrufadebenassal.es), José y Mª José (Mesón El Viscayo), Comunidad de Pescadores de El Palmar (www.cpescadoreselpalmar.com), Primitivo Rovira e Hijos (www.turronesprimitivo.com), Moltto, Germà Alcayde (www.chufadevalencia.org), Horchatería Sequer lo blanch (www.sequerloblanch.com), Jose Alfonso Sierra D.O Vinos Utiel-Requena (www.utielrequena.org), Cristina Correoso, Bodegas Emilio Clemente (www.eclemente.es), José Luis Claramunt, Bodegas Vicente Gandia (www.vicentegandia.es), Primitivo Quiles (www.primitivoquiles.com), Carmelitano Bodegas y Destilerías.